上海市义务教育项目化学习三年行动计划丛书
丛书主编 上海市义务教育项目化学习三年行动计划项目组

评价促进学习

"4+1"课程中项目化学习的实践探索

沈燕泓 陆蓓蕾 ◎ 编著

华东师范大学出版社
·上海·

图书在版编目(CIP)数据

评价促进学习:"4+1"课程中项目化学习的实践探索/沈燕泓,陆蓓蕾编著. —上海:华东师范大学出版社,2024. —(上海市项目化学习三年行动计划丛书).
ISBN 978-7-5760-5240-4

Ⅰ.G423.04

中国国家版本馆 CIP 数据核字第 2024V8X736 号

上海市义务教育项目化学习三年行动计划丛书

评价促进学习:"4+1"课程中项目化学习的实践探索

编　　著	沈燕泓　陆蓓蕾
策划编辑	彭呈军
责任编辑	张艺捷
责任校对	郑海兰　时东明
装帧设计	卢晓红

出版发行	华东师范大学出版社
社　　址	上海市中山北路3663号　邮编 200062
网　　址	www.ecnupress.com.cn
电　　话	021-60821666　行政传真 021-62572105
客服电话	021-62865537　门市(邮购)电话 021-62869887
地　　址	上海市中山北路3663号华东师范大学校内先锋路口
网　　店	http://hdsdcbs.tmall.com
印 刷 者	杭州日报报业集团盛元印务有限公司
开　　本	787毫米×1092毫米　1/16
印　　张	13.5
字　　数	196千字
版　　次	2024年10月第1版
印　　次	2024年10月第1次
书　　号	ISBN 978-7-5760-5240-4
定　　价	52.00元

出版人　王焰

(如发现本版图书有印订质量问题,请寄回本社客服中心调换或电话 021-62865537 联系)

编 委 会

张民生　尹后庆　贾　炜　崔允漷　杨向东　纪明泽　周增为
汤林春　徐士强　夏雪梅　崔春华　王晓华　吴宇玉　杨金芳
钱佩红　李　娟　鲍　洁　沈子兴　颜　清　刘文杰　邢至晖
高永娟　季晓军　徐　颖　陈久华　章卫华　汤丽红　居晓波

目 录

序一	1
序二	1
序三	1
前言	1
第一章　设计制作类活动项目的评价	1
一、项目描述:"超级挂钩"	2
（一）为什么要做这个项目？	2
（二）"超级挂钩"项目案例描述	3
二、"超级挂钩"项目评价设计	4
（一）项目目标与评价目标	4
（二）项目全程中的评价节点与任务	5
（三）评价任务设计思路	5
三、"超级挂钩"项目学习型评价任务	6
（一）学习型评价任务1:设计个人挂钩草图	6
（二）学习型评价任务2:团队合作制作挂钩	10
（三）学习型评价任务3:挂钩质量测试	12
（四）学习型评价任务4:报告与交流	14
第二章　职业理解类活动项目的评价	16
一、项目描述:设立职业节	17
（一）为什么要做这一项目？	17

（二）"设立职业节"项目案例描述　　18
二、"设立职业节"项目评价设计　　19
　　（一）项目目标与评价目标　　19
　　（二）项目全程中的评价节点与任务　　21
　　（三）评价任务设计思路　　21
三、"设立职业节"项目学习型评价任务　　22
　　（一）学习型评价任务1：通过提炼信息对已设立的职业节提出新问题新想法　　23
　　（二）学习型评价任务2：设立职业节的设计要素，借助脑图进行表达　　26
　　（三）学习型评价任务3：撰写理由充分的可行性强的设立职业节的提案　　31
　　（四）学习型评价任务4：合作设计新颖有创意的立体宣传册　　34

第三章　考察探究类活动项目的评价　　44
一、项目描述：灾害急救　　45
　　（一）为什么要做这个项目？　　45
　　（二）"灾害急救"项目案例描述　　46
二、"灾害急救"项目评价设计　　47
　　（一）项目目标与评价目标　　47
　　（二）项目全程中的评价节点与任务　　48
　　（三）评价任务设计思路　　48
三、"灾害急救"项目学习型评价任务　　49
　　（一）学习型评价任务1：应急救援箱的灾害种类选择　　50
　　（二）学习型评价任务2：应急救援箱内部物品放置清单　　54
　　（三）学习型评价任务3：小组灾害应急救援箱设计和制作　　58

第四章 社会服务类项目的评价　　64

一、项目描述：社区微更新　　65

（一）为什么要做这个项目？　　65

（二）"社区微更新"项目案例描述　　66

二、社区微更新项目评价设计　　67

（一）项目目标与评价目标　　67

（二）项目全程中的评价节点与任务　　68

（三）评价任务设计思路　　68

三、"社区微更新"项目学习型评价任务　　69

（一）学习型评价任务1：过程性评价　　69

（二）学习型评价任务2：反馈性评价　　73

（三）学习型评价任务3：记录反思性评价　　77

第五章 创新创造类活动项目的评价　　84

一、项目描述："Dream Garden"设计师　　85

（一）为什么要做这个项目　　85

（二）"Dream Garden 设计师"项目案例描述　　85

二、"Dream Garden 设计师"项目评价设计　　86

（一）项目目标与评价目标　　86

（二）项目全程中的评价节点与任务　　87

（三）评价任务设计思路　　87

三、"Dream Garden 设计师"项目学习型评价任务　　88

（一）学习型评价任务一：构思独特的"Dream Garden"主题　　88

（二）学习型评价任务二：完成新颖的"Dream Garden"设计方案　　90

（三）学习型评价任务三：设计方案答辩会　　99

第六章 语文学科项目的评价　　102

一、项目描述：中国历史名人展　　103

（一）为什么要做这个项目　　　　　　　　　　　　　　103
　　（二）"中国历史名人展"项目的案例描述　　　　　　　　104
二、"中国历史名人展"的评价设计　　　　　　　　　　　　　105
　　（一）项目目标与评价目标　　　　　　　　　　　　　　105
　　（二）项目全程中的评价节点与任务　　　　　　　　　　106
　　（三）评价任务设计思路　　　　　　　　　　　　　　　107
三、"中国历史名人展"项目学习型评价任务　　　　　　　　　109
　　（一）学习型评价任务1：简要复述一则名人故事并有理有据地推介　109
　　（二）学习型评价任务2：设计合理、有创意的方案并有理有据地
　　　　介绍　　　　　　　　　　　　　　　　　　　　　113
　　（三）学习型评价任务3：能有吸引力地向参观者推介历史名人　118
四、评价回顾与反思　　　　　　　　　　　　　　　　　　　121

第七章　数学学科项目的评价　　　　　　　　　　　　　　122
一、项目描述：设计包装盒　　　　　　　　　　　　　　　　124
　　（一）为什么要做这个项目　　　　　　　　　　　　　　124
　　（二）"设计包装盒"项目案例描述　　　　　　　　　　　125
二、"设计包装盒"项目评价设计　　　　　　　　　　　　　　126
　　（一）项目目标与评价目标　　　　　　　　　　　　　　126
　　（二）项目全程中的评价节点与任务　　　　　　　　　　129
　　（三）评价任务设计思路　　　　　　　　　　　　　　　129
三、"设计包装盒"项目学习型评价任务　　　　　　　　　　　130
　　（一）学习型评价任务1：动手拆（合）一个包装盒并画出包装盒
　　　　的展开图　　　　　　　　　　　　　　　　　　　130
　　（二）学习型评价任务2：通过测量，设计一个奖杯包装盒的展开图　138
　　（三）学习型评价任务3：将每个面独立的立体草样设计成完整的
　　　　多物品组合的礼品包装盒展开图（等比例缩小的设计图）　146
四、学生项目成果分析：包装盒的展示　　　　　　　　　　　152

第八章 科学学科项目的评价　　157

一、项目描述：仿生造物　　158

（一）为什么要做这个项目　　158

（二）"仿生造物"项目案例描述　　160

二、"仿生造物"项目评价设计　　161

（一）项目目标与评价目标　　161

（二）项目全程中的评价节点与任务　　162

（三）评价任务设计思路　　162

三、"仿生造物"项目学习型评价任务　　163

（一）学习型评价任务1：界定生活中真实存在的不便　　164

（二）学习型评价任务2：设计方案并改进　　167

（三）学习型评价任务3：根据方案形成并改进仿生产品或模型　　180

序一　与课改同行：项目化学习的研究与实践

2014年,教育部发布了关于课改的重要文件,文中首次提出要制定中国学生发展核心素养体系。教育部随后启动了新一轮国家高中课程方案和课程标准的修订工作,我有幸参与其事。随后的2015年,在上海市教委的支持下,上海市教育科学研究院普通教育研究所成立了学习基础素养项目组,这是上海基础教育综合改革和深化基础教育课程改革的重点项目,也是上海市教育科学重大项目。在当时,我知道中国学生发展核心素养体系正在研究中,学习素养肯定会包含在内,所以我觉得这个课题带有超前性,很有价值。

由此开始,我看着学习素养项目组逐渐成长,有时也参加他们的一些活动。项目组从研究学习素养的内涵开始,到提炼出来学习素养的模型,然后针对素养的培育,深入到学与教方式转变的研究。并由此确定实验学校,扎扎实实开展实验研究。开始是几所实验学校参与,积累了初步的经验,之后实验扩大到10多所学校。继续做,从理论到实践,从实践到理论,随之又扩大到几十所学校。只要浏览他们的公众号,就能看到研究人员跟一线老师亲密无间的合作、分享和研讨,以及认真研究中才会有的探理精神和实作的作风,从中我体会到一种感动。

项目的研究是开放的,在开始的四五年的时间里,大大小小的研讨会,有各方面专家的参与,我也参加了几次,很有收获。在有了相对全面的思考和提炼之后,项目组接受上海市教委的委托,起草了上海市推进项目化学习的三年行动计划。2000年,三年行动计划获得批准并正式实施,项目组也进入了研究与推进并重的新阶段。

在这段时间里(2019—2022),国家发布了有关高中与义务教育深化改革的一系列重要文件,以及高中与义务教育的新课程方案与课程标准,其中充分肯定了项目化学习的价值。结合课程改革,在三年行动计划的实施中,项目组创造性地提出了活动项目、学科项目以及跨学科项目三种类型的项目化学习,并在资源建设,推进策略及骨干队伍建设等方面,做了大量的工作,这对推进课程改革实现育人方式转变,起到了积极的作用。

纵观7年来项目组的研究和实验的历程,以下几点给我以深刻的印象。第一,敢为改革先。这在前面已经说到了,2015年提出学习素养的研究,随后提出项目化学习,从时间上来讲跟国家课程改革的研究同步。国家正式发布新的课程方案与课程标准时,项目组的成果也形成了,这对新课程的推进,是十分及时的。第二,整个研究以项目化学习为主题,其本质是抓住教与学方式变革这个核心,而且实验由点到面,由浅入深,学段由小学到初中,扎实推进。实验效果是可信的。第三,项目研究既有理论上的建树,更有大量的实践成果。如开发了供一线教师使用的工具、案例、指南、量规等资源,这使实验结果可推广。第四,最有价值的是,项目组与学校之间建立了一种伙伴式的合作关系。他们共同研究,共同实验,共同总结,带出(培养)了一批勇于改革、勇于探索、勇于实验的教师、校长和学校。我在研讨会和公众号推送的文章上,真切地感受到他们的成长。

期待以此丛书为起点,项目化学习的研究和实践将得到进一步深化与推广,从而为每一个学生带来新的学习体验和经历,为新课改作出新贡献。

张民生

国家教育咨询委员会委员,原国家督学,原上海市教委副主任

序二　让素养在课堂上真实地生长

素养的落地需要教育实践中实实在在的"行动",当前最紧迫、最需要的是把理念转化为行动。所谓"行动",指的是所有在日常课堂上,每天与学生互动的老师们在其主导的教学中的具体行为。这是关系到课程改革理念和方案能不能真正落地、能不能达到预期效果的关键。

教育中的行动最关键的是体现在学习方式和教学模式上。这种行动需要深刻理解人是如何学习的,需要回归学习的本质,回归学习就是对于问题的探求。在这个过程中,既使得学习者能够对外部世界有一个深入的探求,同时也实现对自己精神家园的建构,这应该是我们学习的本意。项目化学习正是体现这种学习本质的方式之一。

项目化学习要引导学生在真实情境中发现问题,解决问题,并在这个过程中让学生探究并体验包括学科知识在内的外部世界,发展对学科以及外部世界的内在兴趣。项目化学习最重要的价值是对于问题持续不断探求的精神。这种探求不仅仅是对外部世界的探索,而且是在对外部世界探索的过程中不断点燃自己的学习热情,不断在认识外部世界的过程中形成自己的价值观念,形成自我的精神世界。

今天在我国的教育背景中探讨项目化学习,要立足于我们国家的基础教育课程变革的现实环境。项目化学习的探讨和推进不是孤立的,而是要上连对立德树人的思考,下接对学生学习质量的追求,要考虑学生的知识学习逻辑和项目逻辑之间的关系。项目化学习是有思维含量和思维发展意义的学习,要让学生透过问题的情境看到问题的本质,要在实际问题的探究和解决中,调动和激活相关的知识,并且形成可迁移的思维方式,在项目参与中实现对学科知识的深度理解。

项目化学习要让学生热情而有创意地生活。学生不能只是学科知识的复制者,而更应是一个有灵动生命的生活者。项目化学习真实性情境的特征联结了生命、学科和世界,将促进学生更有热情、更富有创造性地投入到对生活世界的探索中。项目化学习要让学生感受到学习的意义。我们的老师经常会问一个问题:我花比较少的时间就把知识教给孩子了,让他自己去探究需要花很长时间,教学有效性体现在什么地方?其实,在现有知识传授过程中的"有效"和"无效"之上还应该有一项"意义"原则。所谓"意义",就是人生活的目的,即谋求人与世界更好地相处,具体来说就是谋求完善自我、完善与他人及社会的关系、完善人与自然的关系。这个意义是在所谓"有效"与"无效"之上的,只有更好地实现这个意义探索才是有效的。当这个意义无法实现的时候,拥有再多记忆符号表达的知识,意义还是缺失的。

项目化学习的过程和成果应该让学生获得学习的意义。在这样的学习中,教师的责任是什么?教师要在教学中创造鲜活的、智慧的、符合人的学习成长规律的生态,而不是把教学作为一套机械的、僵化的、背离人的学习和成长规律的操作程序。

在这样的学习中,学校的责任是什么?学校要为教师和学生创造一种包容、持续探索、以人为本的文化氛围和制度,让教师安心教学,勇于求新求变,让学生喜欢学校,乐于学习,敢于提出问题并解决问题。

在这样的学习中,研究者的责任是什么?研究者应该贴地而行,尊重实践逻辑,到教育的现场去,用新的眼光洞察问题,从常见的现象中挖掘出问题,说实践者听得懂的话,与实践者建立起良性的互动,共同解决问题,形成普适性的解决问题的思路和方法。

本丛书是上海市项目化学习三年行动计划的阶段性成果,体现了学生、教师、学校和研究者之间不断发现问题,共同解决问题的思路。要推动项目化学习这种新的学与教的方式落地,只有研究者的理论构想是不行的,还需要实践者与研究者相互之间的磨合与互动。我们看到,不同的学校和教师呈现出了不同的项目化学习样态,多样的样态与教育实践的融合并进体现了中国文化"和而不同"的理念。

在实践中,每往前走一步,每形成一种新的理解,每开展一种新的探索,都很不容易。本丛书能够汇聚一批学校和教师聚焦在这一领域持久地进行探索,体现了他们的坚韧和对教育理想的追求。

在复杂的、变动不羁的时代,教育有自己的使命、理想和追求。素养导向的教育变革是这个时代的一项伟大而艰巨的使命,需要我们安静、专业、持续地去迎接挑战。需要有更多的前行者和探索者,不畏艰辛、勇于思考、积极开拓,让这场静悄悄的、意义深远的变革在更多的课堂里生根、开花、结果。以本书为起点,希望这套丛书能够汇聚这一领域中更精彩、更持久的深耕与思索,为后来者树起引路的灯塔。

尹后庆

中国教育学会副会长、上海教育学会会长、原上海市教委副主任

序三

上海市的项目化学习自2023年起进入了一个新的时期,不管是2023年推出的上海市推进义务教育项目化学习的文件还是2022年颁布的新课标,都让全市的义务教育阶段学校面临一个挑战性任务:如何基于课程标准为学生提供适切的项目化学习经历。这也使得所有学校都进入了项目化学习的设计和实施阶段。那么,在这种情况下,当"创新"逐渐成为"常态",前期三年行动计划中先行的一批实验校的使命是什么?它们要做什么,是再继续迭代之前的案例,是开发新的项目,还是围绕双新进行更具有序列化、结构性的项目群的探索,又或者是围绕素养进行常态课堂中的项目化学习改造?不同的学校有自己的方向,而教育中的前行和思考需要始终以学习的发生和学生的完整成长为旨归。

对于这些问题,作为三年行动计划的实验校,康健外国语实验小学的回答是探索项目化学习中的关键难点问题:评价。如何将评价嵌入项目化学习的全过程,促进学习,融入学习,提升教师和学生的评价素养?康外在"4+1"的课程上的探索已经有近十年了,这一课程为学校探索项目化学习提供了课程空间,同时也与新课程中的综合性、实践性、情境性的教学理念有不谋而合之处。项目化学习中的评价依托于具体的项目设计。相较于第一本书,本书在项目的选择上更具有进阶性,更体现了国家课程校本化实施的思路。首先,在原有"1"的360多个项目中,以国家课程的综合实践活动中的四类活动为分类依据,精选每类活动中的典型项目,进行优化和迭代;其次,学校近几年来又将项目化学习融入"4"的领域,在语文、数学、科学等学科领域,开发新的学科项目,产生育人方式的变革。

在这些新的项目中,如何优化评价,或者说,评价如何起到促进、支持学习的作用?项目化学习中的评价在实践中往往有两个极端,或者是"随心随性"地教,到最后的时候看下成果,或者是开始就列出长篇累牍的量规,这些量规看着很正式,但是阅读起来很不友好,实施中难以真正用起来。

康外在项目化学习评价上的探索走出了一条"从学校育人目标到项目目标到学生学习证据"的路。这就意味着:

第一,学校的育人目标要很明确,不能只是空谈概念、方向、理想的形象,而要考虑到底是怎样的能力指向,如何转化为对学生的学习和能力发展的清晰的勾勒。为此,康外的育人目标是以核心能力为导向的,体现为跨学科的通用性,培养这个年段的学生面对当下和未来复杂的社会所需要的合作、交流、创造性、探究性等能力。同时学校对能力的具体构成、年段的进阶关系做了界定。

第二,学校的育人目标要转化为具体可测评的项目目标。为此,支持教师们有"目标意识、学生意识、评价意识",建立目标与评价任务、评分规则的一致性,评估与学习目标的一致性。PBL项目有时可能会偏离预期的课程目标,导致难以确保评估真正反映预期的学习成果(Thomas & Brown, 2018)。

第三,教师需要在项目整个生命周期内进行形成性反馈,而不仅仅是在项目结束时进行评估(De La Paz & Butler, 2015)。持续的反馈而非项目结束时的总结性评估,能显著提高学生的学习效果(Hattie & Timperley, 2017)。而这种反馈,重点不是打分数、给量规或打星星,关键是要观察学生的困难,并提供支持。通过持续的反馈和学习支架破解学生的学习难点,推进项目的深化,进而给学生提供相应的支架,这是一种非常重要的促进学习的评价(Assessment for Learning)的能力。国际上大量研究表明,及时、有效的反馈不仅能够提升学生的学习效果,还能增强他们的学习动机和自信心(Black & Wiliam, 1998)。在本书的很多项目中,我们都可以感受到,教师不再只是评价者,而是学生学习的促进者和支持者。同时,我们也深刻地感受到,项目的探索过程以及本书的形成过程也是教师评价素养的形成过程。

第四,评价意味着学生要主动思考项目目标、驱动性问题、项目成果之间的关系。学习型评价(Assessment as Learning)的特点是,强调学生在自我评价和反思中的成长。学生不仅仅是评价的对象,更是评价的主动参与者,通过对自己学习过程的反思,学生能够发现问题、调整策略,并逐步提高自己的学习效果。国际研究表明,赋予学生更多自主权和反思机会的评价方式,能够有效促进学生的深度学习和自主能力的发展(Earl,2003)。这种赋能,很多时候是通过互动、对话实现的。对话性反馈,即学生与教师或同伴就其表现进行讨论,被认为是PBL评估中的关键策略(Nicol,2019)。这种反馈类型鼓励反思性思维,帮助学生更好地意识到他们的学习过程和改进空间。参与反思性评估的学生更有可能掌控自己的学习,表现出面对挑战的韧性,并发展出批判性思维技能(Kolodner et al., 2018)。

项目化学习的评价是多样且整合的,"作为学习的评价"支持学生通过自省成为评价的主人,"促进学习的评价"提醒教师为学生的学习提供有效反馈,"关于学习的评价"促进教师更关注评价的公平公正。联合国教科文组织也提出,应通过多元化的评价方式,培养学生的创新精神和全球胜任力(UNESCO,2020);项目化学习中也必然包含表现性评价,项目的驱动性问题、子成果、最终的项目成果、出项其实都是表现性的任务。经济合作与发展组织(OECD)发布的《21世纪技能框架》指出,教育评价应更加关注学生在复杂任务中的表现和能力发展,而不仅仅是对知识的评定(OECD,2018)。研究表明,基于真实任务的表现性评价能够有效反映学生在实际应用中的学习效果(Gulikers,Bastiaens,& Kirschner,2004)。

关键问题的探索永无止境,研究者与教师们的共同交流和探讨显得尤为重要。通过与一线教师的持续交流和探索,我从康外的校长、老师们的探索中学到了很多,他们向着目标坚忍不拔地前行的勇气和创造性总是让我感叹。书中有很多贯穿项目进程的多元化、个性化的评价工具和标准,希望本书能够为教师们提供有益的思路与启发,在全球教育变革的背景下,推动我们在评价领域迈出更具前瞻性的一步。愿每一所学校都能够在这个充满挑战与机遇的时代,找到属于自己的创新之路,让每一个学生都能在项目化学习中找到自己的声音和方向,体验到学习的快乐和成长的力量。

夏雪梅

上海市教科院普教所副所长,上海市义务教育项目化学习推进项目负责人

参考文献

Black, P. , & Wiliam, D. (1998). Assessment and Classroom Learning. *Assessment in Education: Principles, Policy & Practice*, 5(1), 7-74.

Earl, L. (2003). *Assessment as Learning: Using Classroom Assessment to Maximize Student Learning*. California: Corwin Press.

Gulikers, J. T. M. , Bastiaens, T. J. , & Kirschner, P. A. (2004). A Five-Dimensional Framework for Authentic Assessment. *Educational Technology Research and Development*, 52, 67-86.

De La Paz, S. , & Butler, M. B. (2015). The effects of project-based learning on teaching science: A meta-analysis. *Science Education*, 99(4), 825-842.

Darling-Hammond, L. , et al. (2019). Effective Assessment for Deeper Learning: A New Paradigm. *Harvard Educational Review*, 89(1), 57-74.

Wrigley, C. , & Straker, K. (2016). Designing PBL assessments: A constructivist perspective. *International Journal of Design and Technology Education*, 26(2), 163-178.

Savery, J. R. (2015). Overview of Problem-Based Learning: Definitions and Distinctions. *Interdisciplinary Journal of Problem-Based Learning*, 9(2).

Mokhtar, I. A. (2020). Evaluating digital tools for PBL: A case study on Google Classroom and Edmodo. *Educational Technology Research and Development*, 68(4), 1201-1218.

Peterson, E. R. , & Irving, S. E. (2014). Assessing self and peer assessment in PBL. *Journal of Educational Research*, 107(1), 22-32.

Thomas, D. , & Brown, J. S. (2018). A New Culture of Learning: Cultivating the Imagination for a World of Constant Change. *Mind, Culture, and Activity*, 25(3), 256-260.

Hattie, J. , & Timperley, H. (2017). The Power of Feedback. *Review of Educational Research*, 77(1), 81-112.

Nicol, D. (2019). Reconceptualizing feedback in higher education. *Assessment & Evaluation in Higher Education*, 44(2), 213-225.

Kolodner, J. L. , et al. (2018). Scaffolding reflective learning in PBL. *Learning and Instruction*, 61, 10-20.

Gallagher, S. , et al. (2021). Social-emotional learning in PBL: The role of assessment. *Journal of Learning Sciences*, 30(1), 40-55.

前　言[*]

康健外国语实验小学是一所普通的公办小学,如何站在儿童的立场上,打造一个既能高质量实施国家课程,又能实现"知行合一"的课程系统,一直是学校的办学愿景。为此,我们不断开展行动和研究,建构并实施了"4+1"课程。

一、关于"4+1"课程

"4+1"课程是学校课程的统称,基于国家课程实施方案,依据育人理念,创造性优化课程结构。"4+1"课程中的"4"指的是每周5天学习,其中约占4天的课时采用分科学习模式,"1"指的是其中约占1天的课时采用跨学科学习模式,跨学科学习模式围绕六个主题,多采用项目化学习方式。六个主题分别是:自我认识、自我表达、自我组织、身边世界、地球空间、技术工程。国家课程中主要采用分科学习模式,国家课程中的部分课时以及校本课程均采用跨学科学习模式。

"4+1"课程中的"+"表明了课程的鲜明特征,即"4"和"1"不是割裂的,而是更为强调综合和联结;不是僵化机械的,而是更为强调探究和实践。

综合和联结体现为:它打破了国家课程、地方课程、校本课程的壁垒,打开学科边界,再造课程结构,基于素养本位,从情境、主题、领域、概念等角度整合,重构学习内容,支持跨学科学习。学生综合运用各科知识、各种能力解决问题,已成为常态。

探究和实践则是学校对于教与学方式的一贯主张,超越了传统的传授模式。它以学生为中心,引导学生积极参与学习探究,像专家一样思考和行动。学生在持续探究中,加深概念理解,增强对真实世界的认识,提升解决问题的本领,将课

---

[*] 本章作者沈燕泓。

堂和真实世界、间接经验和直接经验合二为一。

项目化学习是一种适合学生心智成长的方式。学校一直将项目化学习作为"4+1"课程中重要的学习方式,鼓励学生在问题驱动下,自主探究,并在其中建构新知识,促进知识和能力的迁移和迭代。项目化学习方式在"4+1"课程的"1"中超前并普遍运用,使得向"4"的迁移自然而然。

特别要提出的是,以上"4+1"课程的特征,在综合实践活动中得到集中并鲜明体现。综合实践活动作为国家课程,主要由学校依据《中小学综合实践活动课程指导纲要》自主开发。学校的综合实践活动和六个主题深度整合,依据主题的核心概念,从学生的真实生活和发展需求出发,在项目化学习中融入考察探究、社会服务、设计制作、职业体验等要素。这样的设计,鼓励和支持学生更多调动全身心的感官和已有经验,创造性解决问题,最终实现认知迭代、知行合一。

二、学习型评价

习惯使用标准化测试的教育者们就面临着一系列问题:应该如何评价这种涉及素养发展、高阶思维运用、更开放的学习?如何通过参与评价激励学生自主发展和成长?项目化学习呼唤一种与之相匹配的评价方式。最终,我们选择了学习型评价。

学习型评价以学生为主体,强调评价"作为学习"(assessment as learning,AaL)和"促进学习"(assessment for learning,AfL)的属性。"作为学习"(AaL)体现在将评价自然嵌入整个学习过程,评价的过程就是学生经历学习的过程。"促进学习"(AfL)体现在学生在目标和学习的持续比对下,反思自己的不足和优势,自发地改善行动和表现。

学习型评价具备以下特征:

首先,素养导向。学习型评价指向核心素养培育,除了对核心观念和核心概念的深度理解外,特别强调对真实、复杂性问题解决的能力评价。

其次,采用多元的评价任务,其中大量运用表现性任务。学习型评价不仅需要检测学生是否达成学习目标,还要引发学生表现行为,促进学习的真正发生。

而表现性任务是在真实的场景中,让学生解决某个问题或制作某种产品,在其中展示行为表现,看到学生怎么做或者让学生自己看到"能做什么",是发挥学习型评价功能的重要载体。

最后,师生共同参与。在学习型评价中,学生是学习的主体,在行动表现和评价标准、直接经验和间接经验之间通过评价建立"对话",不断反思,并调整行动,不断地向标准靠拢。而教师的价值在于发现学生遇到的障碍和需求,及时反馈,并提供适切的帮助,以帮助其向更高的水平发展。

三、"4+1"课程中学习型评价的开展

课程目标、项目目标、评价任务和评价标准是学习型评价开展中的关键要素。

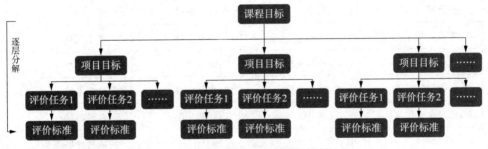

图0-1 学习型评价中关键要素结构

课程目标,居于学习的首要、核心位置。在学习型评价中,课程目标、项目目标和评价标准,从上至下,逐层分解,构成一个完整、可操作的课程目标体系。课程目标体系扮演着"指明灯"的角色,让学生明确,应该知道什么或者做什么,避免了因为目标缺位或者不恰当,造成学习之旅漫无目的,甚至南辕北辙。而评价任务是实现学习目标的载体,要基于学习目标设计,又要能回应目标的达成。

(一)课程目标

课程目标由学科素养目标和学习素养目标组成。学科素养目标依据的是2022年颁布的义务教育各学科课程标准。学习素养目标由学校制定,包括四种能

力,分别是:探究能力、合作能力、自我调控能力和创新能力。重点发展这四种能力是基于以下考量:国家课程"三有"育人目标及其内涵;学校"4+1"课程知行合一的主张,学生不仅要会学习,更要会做事的课程愿景;小学阶段学生认知水平发展;夏雪梅博士专著《项目化学习设计》中关于五类学习实践(探究性实践、调控性实践、社会性实践、审美性实践、技术性实践)及其组成的美国21世纪技能框架。

每种能力可细分成数个能力维度,能力维度可以是能力不同侧面的分解(如:创新能力、合作能力、自我调控能力),也可以是能力发展不同阶段的递进(如:探究能力)。每种能力的维度如下:

表 0-1 能力维度

探究能力	合作能力	调控能力	创新品质
一:提出问题	一:倾听	一:投入学习	一:好奇心
二:建立联系	二:讨论	二:专注坚持	二:勇于挑战
三:设计实施	三:寻求帮助	三:成长性思维	三:发散思维
四:分析解释数据	四:团队合作	四:调控情绪	四:聚合思维
五:运用数理思维	五:有效表达	五:计划反思	五:重组思维
六:方案解析			六:批判性思维
七:基于证据评论			

(二) 项目目标

具体项目的目标依据项目类型决定。活动项目目标通常是指学习素养目标。根据项目中学生能力获得的可能性和必要性,选择四种能力中的相关维度作为学习素养的目标。在实际操作中,既可以确定一种能力的几个维度作为目标的,也可以从几种能力中选择一个或几个维度。例如,在职业体验类项目《设立职业节》中,学生对于职业节要有创造性的见解和设计,要能够基于证据表达设立职业节的原因和理由,在面对挑战性任务——制作职业宣传册时,可以用他人能够接受的方式表达自己的观点,也可以采纳他人的合理建议,所以,把学习素养中的"探究能力四：分析解释数据"、"合作能力二：讨论"、"创新品质四：聚合思维"，确定为本项目的评价目标。

学科项目和跨学科项目目标由学科素养和学习素养目标组成。同时，这两类项目中的学习素养目标的确定同活动项目目标一致。学科项目涉及一门学科，而跨学科项目涉及数门学科，这两类项目的学科素养根据学科门类以及不同的要求确定。值得强调的是，项目化学习支持深度学习和理解，在确定学科素养目标时，不适合将仅需"知道""识记"等水平层次的目标纳入其中。

评价目标来自于学习目标，可以完全等同于学习目标，也可以从学习目标中选取重要部分。但是要避免评价目标超出学习目标的要求。如果出现以上情况，需要反思：学习目标和评价目标的确定是否存在偏差。

(三) 评价标准

评价标准是一个项目中不同子任务中的具体量规，是衡量学生能力水平和特质的工具。这些子任务中的量规如何确定？需要和表现性任务同步设计生成。同步意味着以评价量规衡量任务是否指向目标，用任务活动反观评价量规是否科学、适切。不同的任务要结合项目特征进行个性化的表述，要考虑是否符合儿童认知特征。评价量规通常有两种表述模式：一种是整体型量规，为学生素养直接提供一个综合印象。另一种是分析型量规，将素养分解成不同的特征或者维度，分别进行评估，有需要时再综合，从而形成整体性评价。

综上所述，课程目标、项目目标、评价标准，从笼统概括到清晰具体，从上至下逐层分解，构成完整目标体系，在理念和实践之间开辟通道，为素养更好落地提供保障。

(四) 评价任务

评价任务是落实学习目标的重要载体，它既是评价，又是学习。在项目化学习中，评价任务和驱动型问题、子问题、阶段性成果、最终项目成果等的设计紧密结合，以下是学习型评价中经常运用的几类评价任务。

表0-2 评价任务的类型

任务类型	描述
纸笔任务	这里的纸笔任务并不是纸笔测验,而是学生通过书面的形式来呈现自己的观点和学习情况,答案是开放的、不唯一的。在学生书面描述的任务中,可以呈现学生对问题解决的思维过程,以展示学生能力情况。
展示展览	要求学生以展示形式(例如海报、展览等)呈现他们在项目中所获得的知识和技能。如"中国历史名人展"项目策展等。
研究报告	学生需要选择一个与项目相关的问题,并进行深入调查和研究,撰写一份研究报告,介绍他们的调查方法、数据收集和分析,以及得出的结论。
模型或产品	学生根据项目需求制作一个模型或产品。如"超级挂钩""灾害急救""仿生造物""设计包装盒"等项目的各种产品。
思维导图或概念图	学生可以使用思维导图或概念图的方式整理和表达他们对某个主题或问题的理解。
辩论	一种口头表达的形式,辩论双方学生就某些观点,基于证据,有逻辑性地进行说明。其最终目的,是为了洞察形成观点背后的原因、过程以及策略。如"设立职业节"项目为是否设立某个职业设立节日而辩论。

为了避免评价和学习脱离,教师在设计时,要基于评价目标和项目展开推进的过程,确定项目实施过程中评价的关键节点,设计有针对性的评价任务。

图0-2 "评价目标和任务双线设计"示意图

四、学习型评价中师生的新角色

(一) 学生:学习如何发生?

学习型评价不是终结性的点状评价,也不是"从头至尾"的单线状评价,而是

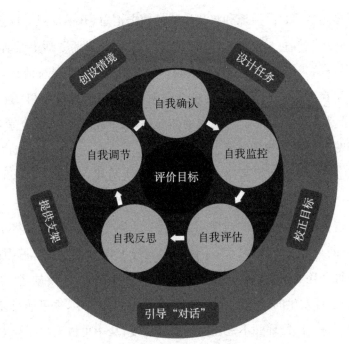

图 0-3 学习型评价中师生角色示意图

学生自我确认、自我监控、自我诊断、自我反思和自我调节的过程,我们称之为"自学习五环节"。

自我确认。学习型评价中,强调评价标准前置。特别在项目入项时或关键节点,学生在教师引导下解读目标、理解目标,甚至有时还要参与到目标的讨论或修订中去。在这个过程中,学生通过分析知道自己要做什么,怎么做才是好的,方向清晰,为自己设定达成目标的心理预期。这就好比是一场有准备的旅行,从一开始就知道"自己要去哪里"。

自我监控。随着对项目探究的深入或延展,原来确认清晰的目标可能会被稀释,甚至遗忘,导致行动的随意性和无效性,从而无法确保目标达成。自我监控的目的在于不断提醒和观察:目标是什么?我在做什么?我要怎么做才能符合目标?所以说,自我监控是学生对自身的思维和行动的主动掌握。

自我评估。项目开展过程中,学生会适时地在目标和自己的表现间进行比对,判断表现和目标之间的匹配程度,也就是说学生能及时看到"现在自己在哪里"。

自我反思。基于自我监控和自我诊断的数据汇总,开展反思。反思其实就是一种"对话"。从"对话"对象来说,有"自我对话""同伴对话""师生对话"等,从"对话"内容来看,有和"评价标准""行为表现""策略路径"等开展对话。"自我反思"旨在驱动学生在目标——学习之间建立联系,学生可以思考项目的目标是否达到、自己的学习成果和困难、能力发展的体验等,从中汲取经验,改变学习策略。

自我调节。自我调节是由反思引发的行动,学生锚定目标和行动之间的差异或差距,纠正或者调整学习策略、行动路径、解决方案,以帮助自己不断向目标靠拢。

在项目进程中,无论处在"自学习五环节"的哪个环节中,始终将学习目标作为核心,并不断与之发生链接。为了使学生充分发挥自主性在学习中的作用,要做到落实好每个环节,每个环节之间环环相扣,逐步递进,不要缺省。"自学习五环节"是循环往复发生的,可能发生在一个项目不同任务中,也可能反复发生在同一个任务中。每一次循环并不是在同一水平重复,从中可以看出学生对于概念的更深度理解,对于能力更高水平的发展。

(二)教师:扮演了怎样的角色?

学生是学习的主人,该为自己的学习负责,这是学习型评价所倡导的。但这不意味着教师的无限后退,而是应该弱化教师主导的强势形象,通过创设情境、设计任务、提供支架、校正目标、引导"对话"等,成为学生自主学习的支持者。

校正目标。学生"自我确认"时,如果对目标理解不足或者偏差,教师可提供和目标相吻合的学生表现样例,校正学生对目标的认知。还有一种情况,是对评价标准进行校正,教师通过一定数量的学生表现或作品,进行概括或提炼。如果学生实际表现和原有评价标准有差异,可以适时进行校正,从而不断优化评价标准。

创设情境。教师设计的情境要和目标匹配,要能和真实世界链接,并且能够显示或者说明学生该项目学习水平的表现。

任务设计。学生可能并不清楚如何开始和进行探究活动,需要教师设计或者指导学习者分解任务,形成问题链以及对应小任务。

提供支架。学习支架是学习的步骤和路径、方法和策略,以及学习资源。其作用是优化学生学习过程,帮助学生避免停留在表面的探究,深入挖掘问题的本质和复杂性。教师随时观察学生表现,当学生通过"自我评估",判断表现和评价标准出现差异和差距,学生并没有朝着评价标准方向发展,或者两者出现差距,学生还没有达到标准要求时,教师需要调整后续教学走向以更好地达成目标。教师可以设计新支架,或者根据学生需求为支架打上补丁,以便更好地支持学生解决问题。

引导"对话"。"自我反思"是"自学习五环节"中承前启后的环节,既是学生向前对经历"自我确认""自我监控""自我评估"环节后产生的一系列行为和表现进行汇总、梳理、分析,也是往后为"自我调节"的决策提供依据。"自我反思"是在不同的"对话"中实现的。但是学生不是与生俱来就会反思,需要教师在关键节点适时引导,如采用设计学习日志、反思问答、口头反思、同伴评价、自我复盘、教师反馈等方式。而这些反思方式需要结合一定情境引导,从而提升学生有意识迁移到新项目和新任务中的能力。

学生是鲜活的个体,需求是多元、即时、不确定的。这对教师提出了挑战,作为支持者,不限于使用以上的策略,而是不断产生新的教学决策,及时回应学生,支持学生过渡到更高水平。

第一章　设计制作类活动项目的评价*

2017年9月,教育部发布《中小学综合实践活动课程指导纲要》,对设计制作类活动提出:"学生运用各种工具、工艺(包括信息技术)进行设计,并动手操作,将自己的创意、方案付诸现实,转化为物品或作品的过程,如动漫制作、编程、陶艺创作等,它注重提高学生的技术意识、工程思维、动手操作能力等。在活动过程中,鼓励学生手脑并用,灵活掌握、融会贯通各类知识和技巧,提高学生的技术操作水平、知识迁移水平,体验工匠精神等。设计制作的关键要素包括:创意设计;选择活动材料或工具;动手制作;交流展示物品或作品,反思与改进。"

根据《义务教育劳动课程标准(2022年版)》中对小学阶段课程目标的设置,在知识与技能方面提出要理解身边常见事物的根本技术内容及简单的制作加工方法;理解假设若干日常生活中常见的加工材料的特性和用处;初步学会根据设想选择材料;能正确使用一些生活中常见的手工工具,并能合理地选择工具;能识读一些简单的图样,并利用工具安全、有效地对材料进行加工。在过程与方法方面提出要从某些熟悉的环境出发,利用已有的知识及调查的结果,产生技术需求;通过对各种想法的选择制定出一个设计草案并能给出选择的理由;通过语言、文字或简单的图示对设想或作品进行描绘或介绍;根据设想及使用情况对作品作出自己的评估并能倾听别人的意见与建议。在情感、态度与价值观方面提出要养成珍惜劳动成果、保护工具、节约材料的习惯;养成对技术问题的兴趣,有探究的欲望;具有良好的合作和交流的态度,养成诚实、负责、进取、热爱生活的精神品质;养成不怕挫折、勇于创新的精神。

结合《中小学综合实践活动课程指导纲要》和《义务教育劳动课程标准》,设计制作类活动项目是指运用科学明确社会的和现实生活中的问题,或者满足地方社

---

* 本章作者王颖。

区的需求。基于对问题的理解，制定设计要求，运用工程、艺术、设计等多学科方法去制作工具，最终解决问题或完成想要完成的任务。

本项目的评价内容主要聚焦探究能力中的设计实施和合作能力中的有效表达。结合前文提到的设计类活动项目特点，探究能力在这一类型项目中主要体现在学生能初步形成设计思维，探究生活中的问题，动手实践操作，将自己的创意、方案付诸现实，转化为生活中的实用物品。这一能力的评价方式主要是学生自评与教师评价相结合。

合作能力在这一类型项目中主要体现在学生在合作完成作品的过程中能倾听别人的意见与建议，具有良好的合作和交流的态度以及能通过语言、文字对作品的完成过程及反思改进过程进行介绍。这一能力的评价方式主要是学生互评与教师评价相结合。

一、项目描述："超级挂钩"

（一）为什么要做这个项目？

1. 落实国家课程标准的需要

《义务教育劳动课程标准》第一学段（1、2年级）的学段目标包括完成教室卫生保洁、整理与收纳，主动维护教室内外环境卫生。同时，又强调了能在劳动实践中提高智力和创造力，具备完成一定劳动任务所需要的设计能力、操作能力及团队合作能力。

在《义务教育劳动课程标准》中同样要求学生会运用各种工具进行设计，并动手操作，将自己的创意、方案付诸现实，转化为物品。

2. 达成学校育人目标的需要

在学校的育人目标中包含实践善创造和合作会沟通两项内容，这两项内容分别强调了学生在具身认知与实践体验中要手脑结合，发展创新创造的能力和学生学会合作与沟通，学会与他人共处。

3. 优化、丰富、更新一年级"技术工程"单元板块的需要

学校"4＋1"课程中的1就是指1天的综合主题项目活动。其中包含六大主题：自我认识、自我表达、自我组织、身边科学、地球空间、技术工程。这六大主题

根据年级不同,会产生螺旋上升的5个"Central Idea"。其中一年级"技术工程"单元的"Central Idea"是人类利用机械减轻体力劳动,提高工作效率;生活中简单工具和机械的认识和使用。为了能通过一个切实的主题活动来实现"Central Idea",教师优化了之前的诸多活动项目,同时根据学生的日常真实情况设计了"超级挂钩"项目,丰富和更新了一年级"技术工程"单元板块。

(二)"超级挂钩"项目案例描述

"超级挂钩"项目是一年级"技术工程——简单机械"单元的主要项目。如前所述,这个单元的"Central Idea"包括人类利用机械减轻体力劳动,提高工作效率;对生活中简单工具和机械的认识和使用。通过怎样的项目可以让学生贯彻"Central Idea"呢?考虑到生活中的简单工具有很多,而和学生息息相关的就属劳动工具和美术工具了。所以该怎样把劳动工具和美术工具的认识和使用运用到一个项目中,而且还能有所延伸呢?教师参考了《义务教育劳动课程标准》中的相关内容,结合学生日常学习生活中的真实问题:教室内劳动工具摆放比较杂乱,影响教室的整洁,因此学生们要解决这样一个问题:如何利用身边的材料设计一个"超级挂钩"把这些劳动工具都挂起来?于是,"超级挂钩"的驱动性问题就应运而生:教室里面摆放的各种劳动工具太多了,造成了环境脏乱差。我们如何制作一个挂钩可以把这些物品都挂起来,让教室更加干净、整洁?

本项目重点考查学生探究能力中的设计实施,关注学生设计思维以及合作能力中的团队合作和有效表达能力。

在这个项目中学生经历了以下历程。

- 确定问题

该项目驱动性问题的提出并不是一蹴而就的,也不是由教师直接提出的,而是通过让学生观察、讨论、交流,从而发现教室里劳动工具摆放的问题,在经历头脑风暴后得出的这个问题,之后经过教师的引导便顺理成章地提出了驱动性问题。

- 制定合理的解决方案

学生从问题出发,分析问题中的限制条件,并调查生活中各种材质挂钩的材料、放置点、作用等,然后完成个人"超级挂钩"设计方案并制作完成。在这个过程中，不但使用到了劳动工具、美术工具，同时为了能完成制作，也使用到了一些之前不会去使用的其他劳动工具，如老虎钳、榔头、螺丝刀、封箱带等。

- 分析解决方案

在学生完成个人制作之后，就开始进行测试，验证自己的挂钩是否能解决问题。如果能解决问题，那么优势在哪里？还有没有可以改进的，让挂钩更"超级"。如果不能解决问题，那么自己所制作的挂钩有哪些缺陷？可以进行哪些方面的改进，以使挂钩能解决问题。

- 优化解决方案

为了让学生制作的挂钩能真正解决问题，这个环节就不再是让学生"单打独斗"，而是采用合作的方式，两人一组进行交流讨论，结合个人设计方案的优缺点进行小组设计与改进，最终形成新的设计方案。

- 交流反思

学生两人一组，在集体中分享自己的设计思路，并当场进行新设计的测试，与大家一起分享测试结果，以及根据测试结果进行的个人反思。在交流中，要让学生有充分的时间和机会介绍自己在解决问题过程中的收获与经验，也要提供给其他学生分析他人设计方案的能力和机会。通过充分的交流，学生既可以通过自己的介绍展示自己的最终方案，更能证明方案成功或失败的依据，以及找到这个方案的途径，也可以通过对他人方案的分析和质疑，产生分析和质疑的高阶思维。

二、"超级挂钩"项目评价设计

（一）项目目标与评价目标

结合学校育人目标中的"探究能力和合作能力"，教师制定了本项目的评价目标，评价目标融合进项目目标中的第(5)、(6)条进行评价。

1. 项目目标

（1）知道简单工具的功能和使用方法，利用身边材料和简单工具动手完成简单的任务。

（2）辨别常见物质材料，并能够选择合适材料制作挂钩。

(3) 能用自己设计出的作品完成教室的整理与收纳，主动维护教室内外的环境卫生。

(4) 学生能够记录、观察、信息探索，并根据自己之前所了解的挂钩信息拓展到更多挂钩的其他信息。

(5) 能设计简单的挂钩制作方案，通过合作按照方案一步步实施。

(6) 能向其他学生讲述自己的设计意图、使用的材料、设计过程并能反思、改进过程等。

2. 评价目标

(1) 探究能力三：学生能画出简单的"超级挂钩"的设计样图，并根据设计样图准备各类制作材料。

(2) 合作能力四：通过合作的方式按照方案一步步实施，并在共同制作完成后进行测试，根据测试结果再进行反思，进而改进作品。

(3) 探究能力三、合作能力五：能向其他学生讲述自己的设计意图、所使用的材料、设计过程及反思、改进过程等。

(二) 项目全程中的评价节点与任务

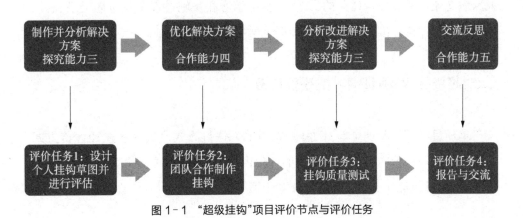

图1-1 "超级挂钩"项目评价节点与评价任务

(三) 评价任务设计思路

结合设计思维以及创造性问题解决的过程，教师着重关注学生在形成设计思维过程中的表现,以及在团队合作解决创造性问题中的态度及成果的体现。

结合"探究能力三:设计与实施探究-能设计简单的方案"设计评价任务1。评价任务1中主要评价学生个人能否根据已有生活知识和经验设计出个人的挂钩草图,并对其可行性进行自我评估。通过评价任务的实施,学生进一步梳理自己初步的设计思路,并进一步明确自己设计的挂钩标准以及在达成的过程中需要进行的一系列探究活动。

结合"合作能力四:能初步尝试与他人合作"设计评价任务2。评价任务2中主要评价学生能否和他人合作共同完成挂钩的制作,并共同进行测试、反思,进而改进。通过评价任务的实施,学生了解了在与他人合作中可能会遇到的问题,以及如何通过自己的努力来解决这些问题,使两人能和谐共处,有效合作。

结合"探究能力三:分析改进解决方案"设计了评价任务3。评价任务3主要评价学生能否通过各种方法对自己制作的挂钩进行质量测试,并在测试中发现问题,分析问题并进行改进,从而使挂钩的质量有进一步提高。

结合"合作能力五:书面和口头报告-能和读者、听众、观众简单交流完成的内容"设计了评价任务4。评价任务4中主要评价学生能否在其他学生面前比较详细地介绍自己制作的挂钩,并能将两人在制作过程中遇到的问题、经验、收获等和大家做交流。通过评价任务的实施,学生会学习在实施过程中及时地记录、总结,也可以通过评价标准的制定,进一步锻炼学生的合作能力。

三、"超级挂钩"项目学习型评价任务

本项目经过不断地更新,已由原先的单一评价方式改进为多途径评价方式,由原先的单一评价内容改进为丰富的评价内容,由原先的评价作为总结改进为评价前置,使得评价任务真正为项目化学习服务。

(一) 学习型评价任务1:设计个人挂钩草图

"超级挂钩"的个人成果是学生以个人为单位设计一只"超级挂钩",通过选取教室内的劳动工具,根据前期学习,设计一只能悬挂教室内劳动工具的挂钩,画出

设计草图,设计草图中需标明挂钩的大小、材料等数据。

在未引入评价任务及标准前,学生所产生的问题如下:

1. 所设计的挂钩草图只包含寥寥数笔,大部分的学生只画出了一个挂钩的外形,有个别学生甚至不知道在画些什么,这使得之后合作制作的作品与设计的挂钩草图大相径庭,有的学生的作品与草图甚至毫不相干。

2. 有部分学生照着自己的简略草图准备材料和工具,却发现自己根本无法完成准备工作,因为学生对材料、工具的不了解,导致其要不就是对准备工作丈二和尚摸不着头脑,要不就是因为脑中没有材料、工具的概念而直接由家长代替制作。还有的学生直接将家中挂钩的成品或已由家长代替完成的半成品直接带至学校。

3. 由于学生对测量方法掌握得不好,对测量的结果和自己所需制作挂钩的尺寸也不知如何匹配,导致最终制作出的挂钩不是太小就是太大。小的甚至连悬挂一块抹布都费劲,大的则是不符合教室内可安装挂钩的墙体面积。

4. 虽然之前学生已了解到挂钩上需要悬挂的劳动工具,但在设计图的绘制和之后的制作中,学生往往忽视了这个要求,导致制作完成后,无法挂上相应的劳动工具。

根据学生所产生的问题,教师设计了评价任务及标准。(见表1-1、表1-2)

表1-1 个人挂钩草图评价单(教师评价单)

评价维度	评价标准(星值)	得星数(师评)	合计
设计草图需能表现出之后的制作成果的外形	外形清晰:★ 外形模糊:0		
设计草图需包含材料、工具说明	有材料说明:★ 有工具说明:★ 无说明:0		
设计草图需经过测量后注明相关数据	测量后注明数据:★★ 测量后无注明数据:★ 无测量:0		
设计草图需注明所挂物品	注明所挂物品:★ 无注明:0		

表1-2 个人挂钩草图评价单(学生评价单)

评价维度	评价标准(星值)	得星数(自评)	合计
我画出了挂钩的样子	画得很清晰:★ 画得比较模糊:0		
我写出了能用什么制作挂钩	我能写出材料:★ 我能写出工具:★ 我没有写出:0		
我测量过了挂钩的长短和大小	测量后写出数据:★★ 测量后写不出数据:★ 没有进行测量:0		
我把要挂的物品都写(或画)出来了	写明所挂物品:★ 没有写明:0		

引入了评价任务及标准后,学生的实施情况有了极大的改进。

1. 评价单中的第一项任务便是要求学生对自己设计的草图负责。因为之后的制作要和草图吻合,学生在设计草图时不像之前那样草率了事,而是精心画出了自己要制作的挂钩的外形。

2. 在项目的实施过程中,教师提供了让学生对材料和工具的调查、交流、介绍的学习支架,帮助学生了解材料和工具的外形、特性、作用等。在完成设计草图时,教师根据评价单任务,请学生互相交流他们所预想使用的材料和工具。在交流的过程中,学生对自己所需使用的材料有了进一步的理解和认识,所以在完成草图时便选择了自己认为最恰当的材料和工具,书写或绘画了下来。

3. 在本项目实施过程中,教师提供了让学生进行各类实物测量的机会,并请学生量出在教室内所能安装挂钩的墙体面积上可安装的挂钩长短。有了这样的支架,学生便可以将自己的测量结果记录绘制在草图上,给之后的制作给予了明确的参考。

4. 教师在新的评价单上强调了评价内容和标准,帮助学生提高了作品质量。

图1-2是在引入评价后的学生个人成果设计图。

第一章 设计制作类活动项目的评价

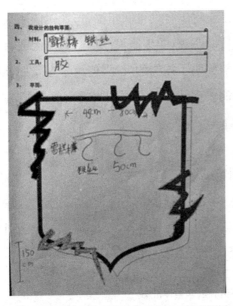
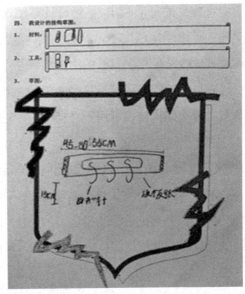
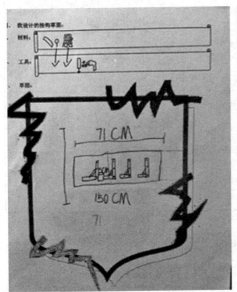
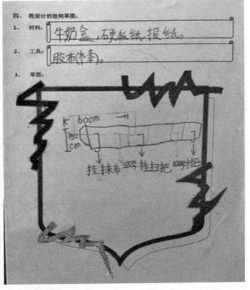

图 1-2 学生个人成果(设计草图)

一年级的学生因为不太会写字,所以在绘制草图时,他们可以通过写字或绘画来完成草图,从以上这四张具有代表性的草图上可以看出学生在用自己的实际行动认真地完成评价任务,并努力在向优秀的评价标准靠拢。评价维度中需要学生能将成果的外形画出,尽管设计草图还是显得十分幼稚和粗糙,但这对刚刚入学的一年级学生已属不易;其次,材料、工具说明等,学生能根据自己的能力或写或画;再次,学生根据自己的测量结果基本都标明了挂钩的大小,但由于在草图前已完成过关于探究可以悬挂哪些劳动工具的表现性任务,所以很多学生并没有在草图上再次标出挂钩可用于悬挂哪些劳动工具。

(二) 学习型评价任务 2:团队合作制作挂钩

"超级挂钩"的团队成果是学生以两人一组为单位设计一个"超级挂钩",在"超级挂钩"个人成果的基础上,通过两人之间的交流与合作,设计制作一个全新的"超级挂钩"。根据团队成果,教师设计了评价任务及标准。(见表1-3)

表1-3 挂钩团队成果评价表(学生评价单)

评价维度	评价标准(星值)	得星数(互评)	得星数(自评)	合计
能和小伙伴一起用身边的材料和简单的工具制作完成挂钩	两人一起完成:★★ 自己完成:★ 无法完成:0			
能和小伙伴一起测试挂钩	两人一起完成:★★ 自己完成:★ 无法完成:0			
能对制作好的挂钩出现的问题进行反思和改进	能反思:★ 有改进:★ 无反思和改进:0			

当学生们开始根据草图制作团队成果时,教师发现制作给学生们带来的困难,要知道从之前的草图一下要变成实物还是有一定难度的。刚开始的时候,教师看到双人小组呈现了四种不一样的状况:一种状况是两人几乎没怎么商量就开始制作起了挂钩;另一种状况是两人开始互相讨论究竟要怎样把两人的设计合二为一,于是把大量的时间都用在了讨论上;第三种状况是,小组成员都只觉得自己的设计是最好的,不与对方沟通,于是有的两人小组僵持不下,最终有的竟然仍是保留个人的设计稿,无法形成团队成果,有的则是各管各做自己的挂钩,将本该是

团队成果变成了"个人成果";第四种状况是两人小组的其中一人奋力制作,而另一人则在一旁"打酱油",无所事事。于是,教师及时叫停,再一次强调了评价标准,并给学生规定了讨论时间。这次两人小组的成员先是进行了各自的分工讨论,然后再开始完成制作,保证了两人都能一起完成制作。

就这样,教师又将各小组拉回到正常的制作程序中,学生在规定时间内按照评价标准都在完成自己小组的挂钩作品。完成制作后,原本应两人小组自行测试,但这时,有的小组成员舍弃了另一位成员,让其一人进行测试,但由于彼时挂钩尚未安装到墙上,所以这项测试根本无法只由一人完成,必须两人同心协力方能完成。加入了评价机制后,你会看到教室里两人小组的成员认真完成测试时忙碌的身影。有的小组在完成自己的作品后便开始进行起了自主测试,教师发现当他们将相应的劳动工具顺利挂在挂钩上时都表现出了异常的惊喜;但当有些挂钩上没能成功挂上劳动工具时,学生们虽然有些沮丧,但并没有放弃,而是立刻在两人的共同商量下进行作品的改进。有些小组连续失败了很多次都没有放弃,而是不断地尝试、反复地思考、持续地改进。甚至有学生问教师:"老师,我们两个的作品连续试了几次都不行,我们觉得是材料出了问题,请问,我们可不可以更换材料,重新再做一个?"

教师发现有一个两人小组动作特别快,很快就完成了作品,而教师几乎没有看见其中一人的参与,不禁疑惑地问两人:"你们是两个人共同完成的吗?"两位学生纷纷点头,教师又问:"那你们两个是怎么分工的呢?"两位学生你一言我一语地回答:"我负责做挂钩的底座,他负责做挂钩的钩子,然后我们把底座和挂钩组合在一起就完成了我们的挂钩。""那你们怎么做得那么快呢?"教师继续好奇地问道。"因为我们在准备材料时,用的底座是现成的牛奶盒,不需要做更多的改变,我只是用剪刀戳了几个洞,再美化了一下。""我的挂钩是用现成的木条粘在一起的,所以做起来也很快。""原来如此,那你们测试过了吗?""测试过了,没问题!"

看着他们自信的表达和骄傲的表情,教师突然有种感觉:这还是一年级的学生吗?他们真棒!

(三) 学习型评价任务 3:挂钩质量测试

当学生以两人小组为单位已完成了挂钩的制作后,通过怎样的方法可以达成评价任务 3 呢?

首先,教师先请学生通过小组讨论的方式,获取评价挂钩的指标究竟有哪些?通过学生的交流,教师得出关于挂钩的即时评价。(见表 1-4、表 1-5)

表 1-4 挂钩质量即时评价单(教师评价单)

评价维度	评价标准(星值)	师评
挂钩能否固定在墙上?	能牢固固定:★★ 能固定,但不牢固:★ 无法固定:0	
挂钩能否承受所有劳动工具的重量?	能承受所有:★★ 能承受一部分:★ 无法承受:0	
挂钩的长度和高度是否合理?	都合理:★★ 长度或高度合理:★ 都不合理:0	
挂钩是否美观?	美观:★★ 一般:★ 不美观:0	

表 1-5 挂钩质量即时评价单(学生评价单)

评价维度	评价标准(星值)	自评	互评	总评
挂钩能固定在墙上,不掉下来	能牢固固定:★★ 能固定,但很容易掉落:★ 无法固定:0			
挂钩上能挂上所有的劳动工具,不会掉下来	能挂上所有的劳动工具:★★ 只能挂上一两个劳动工具:★ 一个工具都挂不上去:0			
挂钩能方便小伙伴使用	都合理:★★ 长度或高度合理:★ 都不合理:0			
挂钩看上去很好看	美观:★★ 一般:★ 不美观:0			

但令教师没有想到的是除了这些即时评价任务之外,学生还产生了另一些评价任务,有的提议:"我想评价这个挂钩能不能用得时间长。"有的提议:"我想评价这个挂钩,我们班的小伙伴们愿不愿意使用。"还有的提议:"我想评价这个挂钩方不方便做出很多来给别的班的大哥哥、大姐姐使用。"等等。学生的思维活跃度让人大吃一惊。

更令人惊喜的还在后头,当教师分别问这些学生为什么想评价这个点时,学生们的回答同样精彩:"因为这个挂钩要一直用的,所以它能用的时间越长就说明挂钩越好。""因为我们辛辛苦苦做出来的挂钩如果小伙伴们不愿意用,那就说明我们的挂钩还需要改。""因为我觉得这个挂钩很好,所以我也希望我们全校都能用这个挂钩,所以要看看方不方便制作。"……

于是又产生了一份关于挂钩的长期评价单。(见表1-6、表1-7)

表1-6 挂钩质量长期评价单(教师评价单)

评价维度	评价标准(星值)	师评
挂钩整体质量是否牢固?	能长期使用:★★ 只能短期使用:★	
挂钩的使用率高低?	使用率高:★★ 使用率低:★ 无人使用:0	
挂钩的推广性难易?	容易推广:★★ 不易推广:★	
个性任务:_____	★★:_____ ★:_____ 0:_____	

表1-7 挂钩质量长期评价单(学生评价单)

评价维度	评价标准(星值)	互评
挂钩能不能被使用一学期甚至更久?	用了一学期:★★ 只用了几个星期:★	
小伙伴们使用挂钩的次数多吗?	使用次数多:★★ 使用次数少:★ 没人使用:0	

续表

评价维度	评价标准(星值)	互评
别的班也很容易制作和我们一样的挂钩。	很容易制作:★★ 不容易制作:★	
个性任务:_____ _____ _____	★★:_____ ★:_____ 0:_____	

(四) 学习型评价任务4:报告与交流

第一次出项时,有的两人小组虽然能呈现团队成果,但在交流时不清楚究竟要交流些什么,只是做了简单的自我介绍便匆匆下台,台下的听众看得、听得一头雾水。所以教师做了一次开放性评价的尝试。

有了对挂钩的评价标准,学生知道了可以在交流时说些什么。可是这样的交流学生听一两组可能还饶有兴趣,如果全班、全年级都听这样的交流,十几、二十几组下来那也变得枯燥乏味了。为了更好地帮助学生完成评价任务4。教师再次请学生讨论:除了交流自己所制作的挂钩在评价任务中的体现,我们还可以交流些什么,或者对交流者在交流时又有哪些要求。学生你一言我一语,于是介绍挂钩环节的第三份评价又产生了。(见表1-8、表1-9)

表1-8 出项介绍评价单(教师评价单)

评价维度	评价标准(星值)	师评
介绍人声音是否响亮?	响亮:★ 轻声:0	
介绍人口齿是否清楚?	口齿清楚:★ 无法听清:0	
介绍人态度是否大方?	态度大方:★ 紧张害怕:0	
介绍人介绍内容是否包括挂钩的设计思路、制作过程、改进反思等?	内容详细:★★ 内容不够详细:★ 内容过于简单:0	

表1-9 出项介绍评价单(学生评价单)

评价维度	评价标准(星值)	互评
小伙伴的声音响亮吗?	响亮:★ 有点儿轻:0	
小伙伴说的每一句话你都听得清楚吗?	清楚:★ 不太清楚:0	
你觉得小伙伴在交流的时候态度大方吗?	态度大方:★ 紧张害怕:0	
小伙伴有没有介绍他(她)是怎样把挂钩设计出来的,有没有成功或失败过?成功或失败的时候是怎么想?怎么做的呢?	内容详细:★★ 内容不够详细:★ 内容过于简单:0	

有了这些评价任务单的加持,学生能够很好地完成评价任务3,评价任务进一步调动起了学生们的思维。与其说是在制定评价指标,完成评价任务,不如说是在进行深层次地反思和进一步设计,充分活跃了学生的思维,再一次调动起了学生们的学习积极性。

参考文献

[1] [美]玛格丽特·赫尼 大卫·坎特主编.赵中建 张悦颖主译.《设计·制作·游戏:培养下一代 STEM 创新者》[M],上海:上海科技教育出版社,2015.

[2] 顾建军主编.《〈义务教育劳动课程标准(2022年版)〉解读》[M],北京:北京师范大学出版社,2022.

[3] [美]埃里克·布伦塞尔编.周雅明 王慧慧译.《在课堂中整合工程与科学》[M],上海:上海科技教育出版社,2015.

第二章 职业理解类活动项目的评价*

在《中小学综合实践活动指导纲要》中提到了职业体验类活动,而这个活动的定位是指学生在实际工作岗位上或模拟情境中见习、实习,体验职业角色的过程,如军训、学工、学农等。它注重让学生获得对职业生活的真切理解,发现自己的专长,培养职业兴趣,形成正确的劳动观念和人生志向,提升生涯规划能力。职业体验的关键要素包括:选择或设计职业情境;实际岗位演练;总结、反思和交流经历过程;概括提炼经验,行动应用。

职业体验通常只是让参与者短暂地尝试某个职业的工作内容,而学校希望帮助参与者更好地认识到不同职业的特点和价值,从而提升他们的职业认知和职业素养。所以教师把它转化为职业理解类活动项目。教师开发设计的职业理解类活动项目包含了体验类活动的特点,致力于帮助学生通过观察、调查、模拟、辩论等多样的活动,深入探讨并解决涉及职业领域的问题。这类项目的目标在于提升职业的价值和意义,使学生能够通过实际体验形成对不同职业真实状态的清晰认知。通过这类项目,学生将能够产生对职业的深刻理解,理解职业的意义以及劳动的价值。更重要的是,通过亲身参与,将培养学生对劳动者的尊重与感激之情。这些深入的了解和体验将为学生未来的职业发展奠定坚实的基础,使他们更好地了解职业的多样性,培养出对劳动和职业的积极态度,同时有助于学生更自信、更明晰地迎接未来的职业挑战。

在职业理解类活动项目中,学生的探究能力和合作能力主要通过以下方式得以体现:首先,学生在项目中表现出的探究能力体现在他们能够通过观察和分析发现职业中的关键问题,并提出深刻且富有独特见解的问题。此外,学生需要能够有效整合多种信息来源,筛选出与职业相关的有用信息,进行系统分析和总结,并针对职业中的实际问题提出创新性和可行性的解决方案,展示他们在职业探索

---

* 本章作者陆蓓蕾。

中的创造性思维与实践应用能力。同时,学生的合作能力也需要通过团队协作与沟通得以体现。他们在小组项目中积极参与讨论,清晰表达自己的观点,并尊重他人的意见。学生能够合理分配任务,承担适合的角色,并在集体决策中与团队成员共同解决实际问题,展现他们的团队合作精神和责任感。评价方式多为表现性评价,评价不仅要对成果进行评价,并且在项目推进的过程中学生对职业理解认知的几个重要节点上进行评价。重视多元主体参与评价,如教师评、学生自评与互评、家长评、专家评等来促进学生的自我反思和评估。启发对学生对职业兴趣和意识、培养合作,探究能力、创造品质等学习素养。

一、项目描述:设立职业节

(一) 为什么要做这一项目?

1. 与"4"国家课程和学校育人目标的关系

(1) 为了落实素养目标的需要

首先是学生可以,同时也解决了涉及这个职业项目的初衷,"设立职业节"这一项目不仅是一个关于职业知识的学习过程,更是一个全面提升学生素养的综合性项目。它让学生在实践中学习,在学习中成长,具有社会责任感、团队合作精神、创新品质、探究能力,引导学生更好地了解职业的价值,培养正确的劳动价值观,以及对各种职业的尊重和认可,为未来的职业发展做好准备。

(2) 达到学校育人目标的需要

学校的 COMBO 学生培养目标是"乐思考,善创造,会合作"。在这个项目中,我们重点培养的学习素养为合作能力、探究能力、创造品质,这正与学校育人目标的 COMBO 形象相符合的。

在设立职业节项目中,学生通过各种方式的探究后,对职业有了进一步的理解和思考。在项目成果的设计上,他们需要根据他们的探究内容,创造出一个现阶段还未有的职业节。在职业的选择,节日方案的设计,展示方式的呈现,都体现学生的创造性思维和创新的品质,并且在探究过程和出项的准备,立体宣传册的制作,推介会中,促进合作能力的发展,对于职业与社会的关系的理解,对不同劳动者的尊重，其实也是对更大层面的社会分工合作的意义的理解。

2. 优化丰富"1"当中的板块

(1) 优化自我组织板块的需要

我校课程体系中"4＋1"的其中"1"的部分为主题式课程。在主题式课程的六大主题中，有一个主题为"自我组织"，在整个小学阶段的"自我组织"单元从探索学校生活、社区功能系统结构，到职业的发展、机构的决策这五个方面的理解与体验。在四年级的这个单元的"Central Idea"是"职业的发展"。教师在四年级学段设计这个职业理解类项目就是为了补充自我组织板块的内容。通过这个项目学生尝试和体验职业的不同性质和内容，从学校的物理环境，扩展到社会环境了解分工合作，了解职业的变化，对职业与社会发展的关系有全方位的理解，从而达到"4＋1"主题式课程六大主题的课程目标。

(2) 丰富主题式课程中的内容

课程中的项目是在不断的优化迭代更新的。这些项目的内容都是来源于学生的真实的问题。这个项目就是缘起于学生的真实问题。在一次学生的周记"谈谈20年后的我"中，教师们吃惊地发现，学生的理想大多为，游戏主播、直播带货、歌唱明星等。可见，社会上的一些"名人效应"正慢慢地影响着我们学生们对未来职业的憧憬，但是学生大多只着眼于自己的"当下"思考，职业判断比较单一，缺少对外部世界的交流和表达。本项目的社会性实践的目标就是要清晰并有逻辑性地表达自己的观点。

从"三百六十行，行行出状元"中了解每行每业都是社会能够运作的一分子，从"劳动者不分贵贱"以及职业发展中看到职业与社会变迁之间的关系。"设立职业节"项目，就是为了解决学生价值观中偏颇的问题。

(二) "设立职业节"项目案例描述

从学生对未来自己职业的价值表达中可以看出，他们定义的职业上的成功普遍在于重视收入高，忽视了职业的意义；又或者把职业看作为自己的兴趣爱好，相对于普通劳动者对社会的正常运作的意义比较看轻。教师发现学生普遍存在对于职业意义理解上的偏差，于是教师从学生喜闻乐见的节日入手，让学生认识到为什么要有护士、教师、医务工作者等职业节。除了目前已设立的几个职业节外，还有没有必要为其他职业创立节日呢？结合这些问题,我们提出了这样的驱动性问题：目前中国的职业估计在4000个种类以上,但是只有四个职业有专门的节日,如果你来为某个职业发声,还会给哪个职业设定节日,你将如何做并且让这个设立的职业节得到大家的认可？

在以往的学习中,学生常常以听、看等单一的学习方式来获取信息,这样并不能形成学生自我的认知,比较难转化为自我的价值观。没有实践探究的学习,容易停留在表面,而职业类项目用实践、活动、访谈、观察、探究等任务,可以培养学生的学习素养,即社会能力、合作能力、探究能力。

本项目的主题是"设立职业节",学生在做比较、判断、探究、采访、体验、思辨、宣传的过程中,了解到更为真实的劳动者的辛苦,平凡工作中的不平凡,以及职业对于美好生活,社会运作中的作用。感受到劳动者身上"劳动最光荣""劳动不分贵贱"的品质,将说理教育与启发引导有机结合。

在本项目的学习中,首先,教师设计了"职业小百科""职业奇遇记""职业新发现"等任务环节,学生在这些实践体验中更直观地了解不同职业的内容和环境,体会劳动价值,并对其产生更深刻的认识和理解。在项目中,让学生走进社会这个场域,带着思考观察地研究,重新观察职业的内容、作用、环境,以及对于社会运行的意义,了解不同职业的重要性,强调每个人的劳动都对社会和他人产生影响,从而培养学生对各种职业的尊重和认可。

接着,学生又通过探究、案例分析、讨论和分享,理解劳动的意义,并培养他们对劳动的尊重和珍惜。强调劳动的正面价值观,如勤劳、坚持、责任、创造等。还通过"辩论小达人""我的设计稿""我的提案"一系列的活动环节帮助学生探究能力和创造品质的发展。

二、"设立职业节"项目评价设计

（一）项目目标与评价目标

1. 项目目标

（1）职业理解目标

知道劳动的辛苦,知道各行各业工作的内容,职业对劳动者的要求,劳动的价值,产生尊重各行各业劳动者的价值观。

理解职业对社会发展的意义,职业保证社会正常运作,并推动社会的发展和进步。

(2)学习素养目标

根据学校学生学习素养培养评价框架,本项目重点评价:创新品质4,探究能力4,合作能力2。

- **创新品质四**：

能有效地梳理多种思路和各种信息,通过系统分析和推理,产生新的思路。

该评价要点在本项目中的标准体现为：

学生通过综合不同的信息,学生能提出较多较新的问题;如何设立职业节,学生有和以前不一样的思路。

学生在宣传册的设计中运用了独特的创意元素,通过巧妙的立体设计,确保宣传册能够引起目标观众的关注使整体设计呈现出独特性,从而提高宣传册的视觉吸引力。

学生在设立职业节的过程中提出了可行性的建议,充分考虑到实际执行中可能遇到的问题,并通过创新性的思路解决,设计呈现出不同寻常的思路,与以往不同,充分体现了对设立职业节多样性的理解和创新性的设计思维。

- **探究能力四**：

能结合已有的知识对数据进行整理并分析其内在关系。

该评价要点在本项目中的标准体现为：

通过思维导图的呈现,学生能够对综合信息整理并能够提出具有新颖思路的选择要素。

学生通过地围绕自己的观点表达和写作,学生能够有理有据地表达设立职业节的意义和原因。

- **合作能力二**：

能接受自己的以及自己认为正确的观点。

该评价要点在本项目中的标准体现为：

在小组同学进行交流中学生借助思维导图进行清晰并具有逻辑性表达自己

的观点,从他人处获取合理的观点。

学生在立体宣传册的设计过程中,能够承担小组内适当的任务,在完成时间、负责的内容、讨论的参与度上与小组成员协同合作。

● **合作能力四：**

能用他人可以接受的方式表达自己的观点,表达较为清晰且具有一定逻辑。

该评价要点在本项目中的标准体现为：

学生在合作讨论中能够积极提出建议,展现出对设计目标的主动性,为实现更出色的立体宣传册设计作出客观而明智的判断。

2. 评价目标

本项目的评价目标重点评价学习素养目标。

（二）项目全程中的评价节点与任务

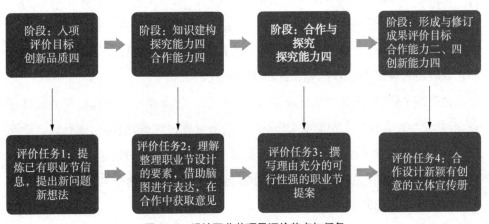

图2-1 设计职业节项目评价节点与任务

（三）评价任务设计思路

从上述内容可知,本项目主要有四个评价任务。设计这样的四个任务主要有以下的考虑。

入项阶段的评价任务:这个评价任务旨在检验学生的创新品质。学生首先观看视频,了解已有的职业节的共性特征。然后,通过完成任务单,展示自己对已知和未知信息的理解。在这个过程中,学生观看已有的职业节的视频,概括这些已有的职业节的信息,通过综合不同的信息,提炼有价值内容,从而打开思路,产生新的想法,最后提出新问题,找到多样的研究方向,展现创新品质。教师就是通过评价学生对未知问题的深度探究和新信息的获取,以及对调控和创新的品质,为学生提供有针对性的反馈。这个任务旨在培养学生的创造性思考和问题解决能力。

在第二阶段的设计中,学生理解整理职业节设计的要素,借助脑图进行表达,在合作中获取意见,完善设立职业节要素的脑图,促使他们提炼和整理设立职业节的必备要素,展现各个要素之间的关系。设计强调探究和合作能力,学生在小组中交流观点,借助脑图清晰逻辑地表达自己的理解,再从他人处获取合理观点。评价侧重于学生对信息整合的能力、逻辑性表达,提出新颖的设立职业节选择性要素的思路,以及在小组中的合作表现。

在第三阶段的设计中,评价学生的探究能力。首先,学生需要根据自己的研究成果,撰写一份完整的设立职业节的提案,学生围绕自己对于设立职业节的观点表达和写作,有理有据地表达设立职业节的意义和原因。评价学生在表达观点和建议时更具说服力,体现学生的探究能力的水平。

在第四个阶段,形成与修订成果的出项阶段。教师通过立体宣传册的设计任务,鼓励学生在合作中共享资源、思考并公正衡量各种观点,最终达成共识。学生根据对职业的理解和立体宣传册的特点,创造性地设计新的设立职业节宣传册,促使其综合应用创新品质。设计思路注重培养学生的合作协作和创新品质,并评价学生这些能力的发展水平。

三、"设立职业节"项目学习型评价任务

学校项目中的评价,以评促学帮助学生在评价任务中不断学习,也是学习型的评价。在设立职业节表现性任务设计中,注重培养学生的三项关键能力,包括创新品质、探究能力和合作能力。教师通过阶段性学习型评价任务巧妙引导学生在实际项目中培养综合能力,促使其全面发展。

(一) 学习型评价任务 1:通过提炼信息对已设立的职业节提出新问题新想法

在课堂初期与学生的交流中,教师发现学生对于已设立职业节信息的零星获取还不够充分,因此,教师提供了任务单"职业小百科"(表 2-1),播放了四个关于"教师节""护士节""医师节""记者节"的宣传类视频让学生通过观看视频获取补充信息。这些视频详细介绍了相关已设立职业节的日期、来由变迁、历史事件、著名人物、庆祝方式、工作内容等。视频帮助学生对已有职业节的信息进行补充,借助(表 2-1)中的引导,使学生能够更全面地理解这四个已有的职业节。教师在(表 2-1)中设计了两个部分:首先,要求学生对已有的职业节的信息进行收集整理;其次,对所获的信息进行整理从而产生对于设立职业节的要素有不同的思路,提出新的问题。这个任务旨在展示学生对职业和设立职业节的初步理解,并通过分析后产生新想法,新问题,来帮助后续进行多样的研究方式。

表 2-1　职业小百科任务单

职业小百科　　撰写人_____
一、你对教师节、记者节、护士节和医师节,这四种职业节有什么了解?
二、观看关于这四个职业节的视频介绍,在表格中记录下更多你新获取的信息,通过对这些信息的综合,提出自己对于设立职业节相关的新问题。
观看后,你了解到: 你有什么新想法,新问题:

续 表

评价标准	自评	互评
创新品质： ● 能够综合不同的信息后进行系统整合，归纳出关于如何设立职业节共同点	☆☆☆☆☆	☆☆☆☆☆
● 学生能对设立职业节构成内容提出较多较新的问题	☆☆☆☆☆	☆☆☆☆☆

在上述任务中包含以下考察要点：

创新品质 4-1

● 能够综合不同的信息后进行系统整合，归纳出关于如何设立职业节共同点。

● 学生能对设立职业节构成内容提出较多较新的问题。

在这个评价点上：学生对于教师提供的任务和视频中的信息理解不够全面造成信息整合不足；可能学生在整理信息时缺乏系统性，未能有效地进行思考和推理，不能归纳总结出已设立职业节的共同点；在提出新问题和思考如何设立职业节时，表现出的创新性思维相对较弱，对于问题的提出缺乏深度和新颖性。

上述问题的原因是：学生没有有效地梳理各种信息，不能够通过系统的分析进行推理，于是就产生不了新的思路。

针对第一、第二个评价点，教师组织了一场"最强大脑"的游戏作为学习的支架。教师要求学生回忆视频中的信息，不能重复，看谁说得多。教师在板书上写出并要求学生把信息填入表格中。

表 2-2 "最强大脑"的游戏板书

职业节	日期	活动	辛苦	认同	价值	历史意义
记者节						
护士节						
医师节						
教师节						

在这个支架上面就要求学生从活动、认同、价值等角度来综合思考的一个节日，这样帮助学生从不同角度进行综合分析信息。将这些零碎的信息进行规整分

析后,学生就能够借助这些信息加以利用,从发散性再到聚合性思维。在提问的时候,就可以借助这些角度进行提问,拓展问题的层次,促使学生能够提出较多较新的问题。

教师把他们的提问大致分为这几类:

第一类:对于职业工作辛苦内容的提问。

护士、医生除了我们平时了解的工作之外,他们每天的工作内容还有什么?

核弹爆炸的时候,记者会进行现场直播吗?

教师的收入和工作强度之间有什么关系?

教师除了给我们上课,还要干什么?

第二类:职业节由来的原因。

这几个职业节分别是什么时候开始建立的?

是谁创立了职业节?

职业节建立的日期,是怎么确定的,有没有背后的故事?

创立记者节的意义是什么?

医生和护士的区别在哪里,为什么要分别设立两个职业节?

第三类:有什么庆祝方式?

在节日那天,这个职业的人会做些什么?

有哪些庆典活动?

有没有传统的习俗?(干什么?)

教师节活动中,教师有什么活动?

第四类:职业资质条件?

怎样才能成为教师?

从这些提问中可以看出,学生所提出的问题不再是对于信息的简单寻取,而更多的是对于信息的挖掘。此外,随着学生对于职业的理解有所加深,他们给出了多样性的提问角度,例如:对职业的意义,背后的故事,建立的原因,历史的变迁,辛苦的定义等。

针对于评价的第三点,我们可以发现,通过设立职业节的项目,学生从原来对于设立职业节的价值只有能够放假、有好玩的庆祝方式和与普通意义上的"过节"的习俗不同之外,他们还认识到建立职业"节日"其他更深层的价值,比如借由节日向公众展示出这些职业工作的意义,希望人们能了解这些职业的辛苦、历史意义等方面,进而使得这些职业得到更多认可。

(二) 学习型评价任务 2:设立职业节的设计要素,借助脑图进行表达

在评价任务 1 之后,学生通过访谈调研和体验等方式,对当前已经存在的各类职业节进行了补充理解。那么,如果要设立职业节,应该具备哪些必备要素?又有哪些可选的要素来让要设立的职业节内容更"丰富"?

此时,教师提供了如下的设立职业节要素脑图任务表(表 2-3)作为过程节点来促进学生对设计职业节进行深度探究。需要学生归纳出设立职业节的要素,用可视化的思维导图绘制出来,进行小组交流。

表 2-3 设立职业节要素脑图任务表

设立职业节要素	撰写人_____

一、经过前期探究,你现在了解到设立一个职业节应具备哪些必备要素和选择要素呢?(请用思维导图描述)

二、借助脑图在小组内清晰表达自己的理解,并听取同学的修改意见进行修改。

评价标准	自评	互评
探究能力: 1 能借助思维导图呈现设立职业节要素 2 学生能够理解信息背后的含义	☆☆☆☆☆ ☆☆☆☆☆	☆☆☆☆☆ ☆☆☆☆☆
合作能力: 1 在小组中借助导图进行表达自己观点 2 表达清晰并具有逻辑性表达 3 从他人处获取合理的观点。	☆☆☆☆☆ ☆☆☆☆☆ ☆☆☆☆☆	☆☆☆☆☆ ☆☆☆☆☆ ☆☆☆☆☆

在上述任务中,包含如下两个考察要点:

1. 探究能力4-1:能借助思维导图呈现设立职业节要素,能够理解信息背后的含义。

2. 合作能力2-1:在小组同学进行交流中借助思维导图进行清晰并具有逻辑性表达自己的观点,从他人处获取合理的观点。

在第一个评价点上,学生主要存在的困难是:(1)对信息的理解比较单一,如庆祝方式比较单一,仅局限于放假或办联欢会。再比如,对于"辛苦",学生的解释大多可归为一个字——"累"。(2)要素与要素之间没有逻辑性,不能可视化地呈现出要素之间的关系,比如只有对于杰出人物、设立目的、日期等的零散描述。(3)只注意到表面信息,没有挖掘信息背后的意义,比如对于职业节的日期,学生就认为是个普通的日子,而不去思考确定这个日期的用意。

面对这些问题,教师认为最关键的问题在于学生无法利用思维导图这个工具,勾连信息之间的关系,从而挖掘信息背后的意义。

有鉴于此,教师组织了一场"意料之外的职业"的交流会,学生需要通过各种方式比如访谈、调查、查阅资料等收集关于某一个职业的最意料之外的知识。在小组交流后选出最"意料之外"的职业研究结果向全班分享。

第一个劲爆的"意料之外"是一位学生分享的关于"医师节会不会放假?"的研究。大家都认为过节必须要放假一天。这位学生表示,他要利用看病的机会问问医生。结果,他获得的回答是:医师节那天,医院里组织了一场"献血活动",医生们都去参加了献血作为纪念活动。此时班级的同学不约而同地发出赞叹声。有一位学生分享了又一个"意料之外"——同学无比尊敬的护士告诉同学,护士常常陷入被病人家属的责怪批评之中,同学们听后都大吃一惊。

在众多的交流中,有一位学生说道,记者四处奔波,实地考察后能给我们带来正确的信息就是他工作的社会价值。教师立刻在表格外,又添加了一列写下"价值"两字。学生们被教师突然打破原有表格的举动鼓舞到了,思想"火花"立刻又层出不穷……更多不同的角度和内容出现了。

这场"意料之外"的分享会,各种观点不断涌现并碰撞,刷新了学生们对于"认同、辛苦、职业意义、节日活动……"的认知。教师惊喜地发现,学生们在任务表中呈现的内容多样化了;职业节要素不止于"日期,名称"了,而是加入了"被误解,入职人员不足"等;同一个要素下有了更多的诠释,"辛苦"中产生了。例如:被病毒感染的风险,和家人聚少离多,过节不能和家人团聚,涉险……学生对于为什么要设立职业节有了充分思考,不再仅仅只看到职业被社会尊敬等原因,而且能够从不同角度,甚至反向来挖掘、梳理理由呈现不一样的想法。

学生有了对设立职业节的各个要素更深入理解后,如何将这些理解,结构性地整合起来?学生们在任务单中出现的各种零散信息表现出他们有这方面的学习需要。为此,我们给学生提供了"Thinking Map"的系列视频,其中包括 7 种可视化方式的表达不同特点和其适用的场景,让学生理解零散的信息如何通过排列形成可视化结构的过程。

经过这样的学习后,学生出现了新的结构化的表现:

气泡图:借助层级关系划分清晰表达,以设立职业节为核心,依次分为必备要素,选择性要素,要素和设立职业节之间的关系表现得更加清晰。

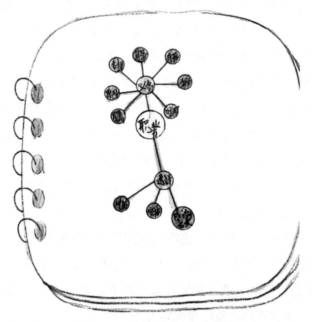

图 2-2　A 学生完成的"泡泡图"

关系括号图:表达一个要素下的不同的方面。如图 2-3,学生把"辛苦"放入了必备条件中,并且学生在括号图中,能够展现出他们对于辛苦的几个方面的认识。比如辛苦不只是劳动强度大,其实工作时间长也属于辛苦,有些职业可能要求工作者四处奔波,这也属于辛苦的一种表现。

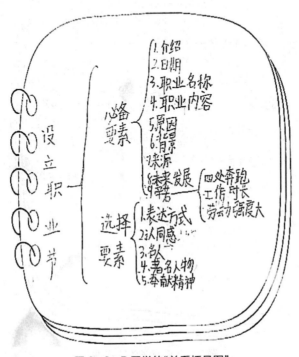

图 2-3 B 同学的"关系括号图"

树形图:对要素进行补充说明、解释、举例等。如图 2-4,学生按照设立职业节要素形成的脑图框架,并且学生在要素中能够对其特点加以诠释。学生在日期要素下,备注了节日的日期选择需要好记的有意义的日期。这样可以帮助学生理清信息背后的意义。

第二个评价点上,由于前期教师提供了思维导图作为支架,学生在讨论过程中能够根据自己绘制的思维导图组织语言,对设立职业节的必备条件和选择性条件的表达更有逻辑性,做到充分发表自己的见解。

但是,对照上述评价指标,教师也发现,讨论中存在的主要问题:学生常常把时间放在无谓的"互怼"上,而不是形成共识。例如,有一组学生因为"'著名人物'是不是应该成为设立职业节的必备要素?"吵得不可开交。A 同学认为,教师节古

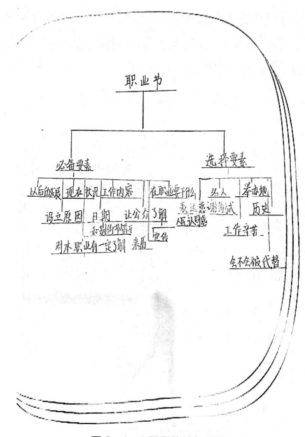

图2-4 C同学的"树形图"

有孔子,今有陶行知;医师节古有华佗,今有钟南山;……所以他认定,没有著名人物的职业就不值得设立职业节。而B同学还没等A同学说完,就插嘴说A同学是完全错误的,表示A同学不懂装懂,他们的讨论无法顺利进行下去。

基于学生的这样的表现,教师调整了小组讨论的要求,提出了SOLER讨论法:

S(sit)——发言者起立发言,小组同学面向发言者,环绕小组四周坐下。

O(open)——同学发言时不可以插嘴,同学讲完后,才可以提问。

L(learn)——组内聆听的同学,必须手握铅笔不可放开,随时准备好用不同颜色的笔,在自己的思维导图中进行当场补充,修正自己。

E(eye)——聆听发言时,眼睛要看着发言者,点头回应。

R(review)小组讨论增加第二轮分享,内容为,用"听了你的交流,我知道了……"这样的句式,把讨论后的收获和转变和组内分享。

学生继续开始讨论,聆听者注视着发言者,边聆听边记录,不再随意插嘴打断发言者的发言,并对自己的思维导图进行修改。分享者也从其他同学的提问中获得了新的启发并被记录下来。在第二轮"听了你的交流后,让我知道了……"的活动中。小组同学的讨论更是抓住要素的歧义点进行总结,正向地谈到自己对设立职业节更深的理解和体会。A同学此时总结道:"听了你的交流,我知道了有些职业是很辛苦,但大部分都是默默无闻,所以不一定有著名人物,我们应该先看职业的社会价值,而不是该职业中是否有著名的代表人物。"聆听者吸取他人的养分修正自己的观点,对职业有了更全面多元的认识。

(三) 学习型评价任务3:撰写理由充分的可行性强的设立职业节的提案

在评价任务2后,学生又通过"职业一日历险记""职业的分类""我们不知道的职业"等活动,了解了更多职业的内容,职业的多样性和社会性。虽然他们能够理解到社会上的各行各业充分满足了人们便捷生活的需求,为整个社会的运行提供了必要的支持,但职业本身具有的多重价值,包括社会价值、文化价值、经济价值、知识价值、环境价值等还不够。他们的对职业价值的认可还是只停留在"辛苦"的简单评价显得单薄了。设计职业节需要更加全面看待一个职业,并且需要提出可行性的建议。

教师提供了写一份设立职业节提案作为过程性节点来帮助学生对于职业对社会的价值的理解。"设立职业节提案"(表2-4)需要学生提出设立某职业节的充分理由,也就是表中的案由,提出可行性建议,并找到同意你观点,支持你的建议,对你的提案感兴趣的同学作为"附议人"。

表2-4 设立职业节提案

提案人:_____
提案名:_____
附议人:_____
案由:

续 表

可行性建议：

评价标准	自评	互评
探究能力： 1 案由观点明确，体现所设立职业节的原因 2 学生是否可以运用一系列数字举例子的方法有理有据把案由表达充分 3 设计的职业节内容全面有可实施的价值。	☆☆☆☆☆ ☆☆☆☆☆ ☆☆☆☆☆	A B C D

在上述任务中，包含了如下一个考察要点：

探究能力：学生通过围绕主题和观点，能有理有据地说清设立职业节的原因，理由充分。设计的职业节内容全面有可实施的价值。

这个评价点上，学生存在的困难是：在提案中，能讲道理但不能摆事实，造成缺少说服力。他们常常用的语言就是：某某职业很辛苦，他们为人民服务，但是有些人不尊重他们；我个人认为他们的做法非常不好。学生这样的案由表达显得比较"假大空"，似乎套用在任何一个职业也都是可以的，并且带有强烈的学生的个人想法。

面对第一个困难，教师认为最大的问题是学生眼光比较局限，常常站在自己的立场上看问题，而深入探究一个职业在社会中的价值是需要比较长远而全面地进行比较的。

针对这些问题，教师安排了一堂"如何撰写提案"的辅导课。

除了对提案的格式和专业术语进行了一番解释，教师运用了脑图提纲和设计了"PEEL的支架"来帮助学生围绕自己的观点有理有据地表达、写作，是将阅读材料转化为学生自己思考和观点的过程，有助于培养学生的写作能力和逻辑思维能力。PEEL，可以帮助学生围绕自己观点有理有据地表达、写作。结合脑图，为学生的提案梳理提纲,提高表达的逻辑性。

表2-5 PEEL支架

关键词	所表达的含义	在本项目中的运用
P-point(观点)	说清自己的主张,意见,你的观点是什么?	你想设立的职业节是什么?
E-evidence(证据)	能够支持你主张的依据	设立这个职业节的理由是什么?
E-explain(解释)	解释观点和证据之间的关系	用摆事实讲道理,列数字举例子的方式。具体的内容来解释设立这个职业节的理由。
L-link(连接)	观点和证据与现实联系,再重申总结自己的观点	设立职业节后有什么可行性建议,达到如何的预期效果和目的。

表2-6 学生撰写的文章第一稿

> 我要给快递员设立职业节。因为他们的工作非常辛苦,没有了他们,我们就收不到买到的商品了。我想把快递员节设立在11月11日,让他们放假一天。

第一稿中有P(观点)EEL的部分都是比较单薄,有结论但没联系。

以下就是学生通过脑图的支架,PEEL写作法指导后的提案撰写的变化。

表2-7 学生撰写的文章第二稿

> 我要给快递员设立职业节。快递员的工作十分辛苦,他们大都由外来务工人员担任,为了能在上海生活,他们有的起早贪黑,有的披星戴月还在送快递。他们平均每天能送100多件快递,有的楼层没有电梯,他们还需要上上下下地爬楼梯。天热的时候,他们东奔西跑,汗流浃背;天冷的时候,他们因为要骑车,又被冻得直打哆嗦。在疫情期间,我们都宅在家,对快递的需求就更大了,所以快递员是一份现在城市中必不可少的职业。我想把快递员节设立在12月1日,因为12月1日位于双11和双12中间,正好可以让快递员好好休息一天,这样他们才可以更好地投入到工作中去。

第二稿展现了学生对快递员职业的深刻理解和对新设立职业节的创新思考。学生通过观察快递员的日常工作,呈现了对其辛苦劳动和不易的生活情况的感知。提出在12月1日设立快递员节的建议,展示了学生的创新品质,通过合理的时间选择来给予这个职业一个特殊的休息日,有助于提高快递员的工作积极性。

EE的部分更加充实完善,以研究的事例和数据为支撑,更具说服力,但是角度比较单一,只是围绕"辛苦"展开,对于普通劳动者如何与社会发展接轨等问题,没有正面回应。

表2-8 学生撰写的文章第三稿

> 你们知道吗?今年是快递员作为新职业被纳入《中华人民共和国职业分类大典》的第六个年头,中国快递业务量连续六年居世界第一。不仅如此,我们通过前期的调查了解到中国快递员已经超过200万啦,这个群体几乎365天不停歇,特别是今年"双十一"期间,全国共处理快件39.65亿件,同比增长26.16%,再创历史新高。是快递员们风雨无阻,用一件件快递带动了商品流通行业整体效率的提升。如果说互联网技术正在改变中国的消费格局,那么快递员正是让这种改变发生的重要的力量之一。
>
> 五月一日是全国人民共同欢庆的劳动节,但对于快递员们来说,每天都是"劳动日"。所以,我们特别想为广大快递员设立一个专有的节日,为他们的辛苦劳动点个赞!只有快递员这个职业被更多人熟悉和理解,他们才能带着更多的微笑投入到工作中,在为商品流通提高效率、为扩大消费等方面作出更大贡献。

第三稿中更注重对快递员职业的背景信息和数据分析。学生通过引用相关统计数据,如快递业务量连续六年居世界第一、快递员数量超过200万等,呈现了对职业的宏观认识。此外,学生通过对劳动节和快递员职业的关联性分析,不仅体现了学生的探究能力的发展,表达了对快递员特殊节日设立的渴望,彰显了合作能力和对社会发展的关切。

(四) 学习型评价任务4:合作设计新颖有创意的立体宣传册

学生经历了整个项目的过程并完成了个人出项成果设立职业节提案的撰写后,此时需要学生完成一个集体出项成果——立体宣传册。让学生把对职业的理解,设计创造出一个新的职业节,并做出能够让更多人理解接受的对外宣传。

在上述任务中,包含了如下两个考察要点:

合作能力二:学生在立体宣传册的设计过程中,能够承担小组内适当的任务,与小组成员协同合作。

合作能力四:在合作讨论中能够积极提出建议,展现出对设计目标的主动性,为实现更出色的立体宣传册设计作出客观而明智的判断。

创新品质四:立体宣传册的设计能够吸引目标观众的注意力,通过立体美化达到引人瞩目的效果,呈现出具有创意和独特性的设计提高宣传册的视觉吸引力。

设立职业节设计的内容有可行性建议,体现不同的设计思路。

在合作能力评价点上学生体现出的问题是:

(1) 分工合作中比较被动,不能主动承担较为重要的任务,产生分工不均的情况。

(2) 比较容易被说服,在做选择的时候,没经过太多思考,无条件地妥协,或者较为强势不客观地做出选择。

为了解决第一个问题教师设计了两份小组分工表(表2-9,表2-10)。第一份表格,表2-9更凸显分工。细化合作分工的种类明确任务和要求。左侧的立体宣传册的制作分工,分别是哪些组员,谁对应完成制作立体宣传册的什么任务。这样避免了某位同学大包大揽,而其他学生无事可干。因为这样的海报制作分工,学生们有过往经验,所以教师不需要写清学生工作的责任内容。学生可以根据自己的特长分为:写字、绘画、制作、设计、内容撰写等,也可以根据页码数量来分:封面、内页、封底等。

对于更为复杂学生又比较没有经验的内容,教师更加明确了分工的任务。小组分为"ABC"角色。三种角色的分工为:

A:介绍这个新设立职业节的职业价值意义,创造的目的等,主要是负责内容方面的。

B:介绍立体宣传册的以及选择这种推荐方式的原因,主要负责语言介绍。

C:围绕评价指标来介绍小组内完成项目的情况,主要负责反思和评价。

表2-9 立体宣传册小组分工表1

小组分工表:			
制作立体宣传册		设立职业节推介会	
组员	任务	组员	角色

续 表

制作立体宣传册		设立职业节推介会	
组员	任务	组员	角色

备注:"职业推介会"小组分工为"A、B、C"角,"A"负责介绍为什么要设计这个职业节,可结合小组组员提案;"B"负责介绍立体宣传册及自选形式,讲清为什么选择这种推介方式,这种推介方式是什么样的?"C"围绕评价标准,负责介绍小组完成项目情况。

第二张分工表(表2-10)相比第一张多了一列完成时间。小组同学的合作是互补性的,当一位学生完成后,另一位孩子的工作才能接手,另外,教师还在分工表上增加了一列"完成时间",这样方便对组内成员完成的工作有效地审核。

表2-10 立体宣传册小组分工表2

小组分工表:

组员	负责内容	完成时间

为了解决第二个问题,在讨论时,教师设计了"一二一"分步走的合作方法。

"一":让学生先自己独立思考,形成独立见解。

"二":找相同,找不同。也就是在小组合作中进行讨论,对刚才自己独立思考的内容和小组内其他同学的思考进行比对,写出共同点和不同点(见图2-5)。学生通过比对分析后能够比较理性地获得,互相之间已经达成共识的是在哪里,有新意创意的地方又在哪里。实事求是有依据地判断后再进行接纳。

听组内成员交流,记录相同点和不同点:

相同点	不同点

图2-5 "任务单局部图2"

"一":最后一步,小组成员的讨论要汇聚成一份最终的成果。教师在表格的右边最终稿中,再汇总最后的立体宣传册所需包含的内容。这次"一"是一个结果。让学生在合作中有更多自己独立思维的空间并对小组内的意见有了集中。

表2-11 立体宣传册设计评价表

评价标准	自评	同伴评
合作能力: 1 学生在立体宣传册的设计过程中,能够承担小组内适当的任务,在完成时间内完成。	☆☆☆☆☆	☆☆☆☆☆
2 在合作讨论中能够积极提出建议为实现更出色的立体宣传册设计出谋划策。	☆☆☆☆☆	☆☆☆☆☆

在创新品质的评价点上学生出现的问题有:

(1) 出项方式单一雷同,无创意;

(2) 设计的立体宣传册的外观设计不够吸引人,让人印象不深;

(3) 外观设计与职业节元素没有内在联系，职业节设计元素中没有创新点。

教师设计了出项成果方案制定表（见表2-12）来引导学生思考和表达他们关于职业节设计方案的创新点。这样的设计有助于培养学生的创造性思维和表达能力。以下是针对这个表格的设计思路：

设计方案：外观设计亮点和内容设计亮点这两个部分是任务的核心，要求学生详细描述他们设计的职业节方案，包括文字描述和可能的图片等。这有助于培养学生的表达能力，要求他们清晰地呈现他们的创意。通过要求创新点，任务引导学生思考如何为设计添加独特之处，培养他们的创造性思维。

表2-12 设立职业节创新方案制定表

_____设立职业节出项成果——方案制定	
外观设计亮点	
方案描述（从外观使用的立体方式）	与内容关联的创新点是：
封面： 内页： 封底： 不同于传统宣传册的特色部分：	
内容设计亮点	
方案描述（可文字、可图片等）	与内容关联的创新点是：
职业选择： 设立职业节的理由：（不少于3个） 1 2 3 设立的方式： 1 日期： 2 活动： 3 不同于传统职业节的特色部分：	

续表

评价标准	自评
创新品质： 1 学生在宣传册的设计中通过巧妙的立体设计，确保宣传册能够引起目标观众的关注使整体设计呈现出独特性，具有视觉吸引力。 2 学生在设立职业节设计中提出了可行性的建议并通过创新性的思路解决。 3 设计呈现出不同寻常的思路，与以往的职业节不同，有创意。	☆☆☆☆☆ ☆☆☆☆☆ ☆☆☆☆☆

在整个项目的学习过程中，通过对表现性评价任务的引导，学生在设立职业节设计方案中的问题得到了明确的指导和反馈。随着学生对创新点、外观设计、内在联系等方面的认识提升，他们在后续的任务中有望在这些方面取得更加显著的改进。通过这一系列评价任务，学生将逐渐发展出更强的审美观、创新品质以及对设立职业节设计的全面认识。

● 美化和立体效果：在立体宣传册的美化上，基本大部分学生都能够做到用立体的方式美化宣传册，让其比普通宣传册更有创意，达到吸引人们注意力的效果。例如使用更吸引人的颜色、图案或形状等。评价学生在宣传册的美化方面的表现，指出大部分学生能够使用立体的方式美化宣传册，使其与普通宣传册相比具有更多创意和吸引力。

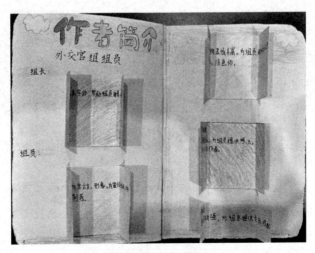

图 2-6 学生设计 1

注：用小窗开合的立体设计，与读者更有互动性。

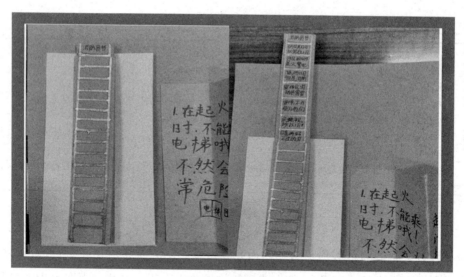

图 2-7 学生设计 2

注:最左侧是一个可抽拉的小机关,学生把这个机关制作成立消防云梯的模样。

图 2-8 学生设计 3

注:学生制作了立体的消防员救火的画面,让大家感受到火灾时,消防员的英勇无畏。

● 与职业内容内在联系上的创新点:还有部分学生作品的外观设计能与设立职业节元素有内在联系,能够体现出创新点。评价学生是否能够将设立职业节设计元素融入宣传册中,并给予独特的创新解读。

图 2-9　学生设计 4

图 2-10　学生设计 5

在本项目中,学生的最终出项成果——立体宣传册的设计,生动展示了评价活动在促进学习中的核心作用。这些宣传册不仅是学生对职业理解的创意表达,也是他们综合运用项目学习成果的实证。通过参与这一项目,学生们在实践中锻炼了信息整合、创新设计与团队合作的能力。

教师通过持续的过程性评价,为学生提供了针对性的反馈和指导,使他们能

图 2-11 学生设计 6

注:立体宣传册被设计成砖头的造型,体现了工人的工作内容,与普通宣传册不同,并且开合的方式也很有新意。

图 2-12 学生设计 7

注:翻过这一页,我们制作了一个记忆相框,里面记录了最美逆行者的精彩瞬间。立体机打开后的封口使用小火苗的图案,这是学生设计的消防员 logo。打开后,可以看到消防员佩戴的帽子作为醒目的画面,四边上分别从对消防员工作的"社会认知""工作难度""工作危险"方面给出三条强有力的推荐理由。在最下面一章中提出了为其设立职业节的号召。

够在项目中不断优化自己的作品。学生们在小组内的互动和教师的指导中,逐步深化了对职业的理解,并将这些理解融入宣传册的创作中,体现了他们对职业社会价值的深刻感知。

此外,通过多元评价主体的参与,学生的作品得到了从多角度的审视和评价,这种开放的评价机制增强了学生对自己作品的客观认识,进一步提升了他们的创作水平。最终,学生们不仅成功展示了职业节的文化与社会意义,还通过这一过程增强了自我表达和社会交往的能力,充分证明了教师评价在促进学生综合素质发展中的重要性。

参考文献

[1] 中华人民共和国教育部制定.中小学综合实践活动课程指导纲要[M].北京:北京师范大学出版社,2017.

第三章 考察探究类活动项目的评价*

《中小学综合实践活动课程指导纲要》中提到,"考察探究"是学生基于自身兴趣,在教师的指导下,从自然、社会和学生自身生活中选择和确定研究主题,开展研究性学习,在观察、记录和思考中,主动获取知识,分析并解决问题的过程,如野外考察、社会调查、研学旅行等,它注重运用实地观察、访谈、实验等方法,获取材料,形成理性思维、批判质疑和勇于探究的精神。考察探究的关键要素包括:发现并提出问题;提出假设,选择方法,研制工具;获取证据;提出解释或观念;交流、评价探究成果;反思和改进。

考察探究类项目指通过观看纪录片、搜索资料,参观等方法考察日常生活、社会现象、自然现象,运用自己的好奇心提出疑问,构建研究主题,并通过观察、调查等不同方法、运用自然研究、科学研究等不同形式来进行探究,最终形成成果。

本项目的评价目标主要包括探究能力、合作能力、调控能力和创新品质。探究能力在这一类型项目中主要体现在学生能运用数学课上所学习的统计图表相关知识,将数据转化成图表并进行观察分析,得出初步结论。在动手制作的过程中,能够清晰详细地向同伴介绍和解释自己的设计,能从同伴交流中获取信息,修改内容。

合作能力在这一类型项目中主要体现在学生在合作完成作品的过程中能倾听别人的意见与建议,具有良好的合作和交流的态度以及能通过语言、文字对作品的完成过程及反思改进进行介绍。

调控能力在这一类型的项目中主要体现在小组在动手制作过程中有较为清晰的计划,能够根据计划完成相应任务。

---

* 本章作者廉锡滢。

一、项目描述：灾害急救

（一）为什么要做这个项目？

1. 优化、更新学校"地球空间——灾害与救援"单元板块内容

康外的"4＋1"课程中"地球空间——灾害与救援"这一单元中的"Central Idea"为：人类不能消除危害，但可以采取措施减少灾难对人类的影响。原本的活动侧重于了解世界上的灾害类型，并通过观看纪录片、模拟灾害发生现场等方法了解其形成的原因。经过优化后，保留了对了解灾害类型以及灾害对人类生活造成的影响这部分的内容，加入了学生能够实际针对上海频发灾害类型进行了解和调查，通过独立思考和同伴合作形成成果，采取措施减少灾难对人类的影响的板块，使得单元"Central Idea"能够更好落实。

2. 提升学生的安全意识

在《义务教育科学课程标准（2022年版）》中的"人类活动与环境"单元中，对于自然灾害的内容要求提出：结合实例，让学生知道台风、洪涝、干旱、沙尘暴、泥石流等灾害及其影响，树立自我保护和防灾减灾的意识。在《义务教育科学课程标准（2022年版）》学业要求中提到：让学生掌握防灾减灾和应急逃生的基本方法，树立关爱生命、节约资源、保护环境的意识和责任感。

综合对于四年级学生们的了解，我们发现，由于进入高年级，家长们对于学生们的看管有放松的趋势，认为孩子已经进入了小学高年级阶段，各项能力都有了提升。一些家长由于工作较为繁忙，会让孩子在假期中也处于在家独处的状态，会自己下厨或是独自出门，监护人们无法实现对未成年人的24小时看护。从以往的不少电视和网络报道中，我们可以了解到，青少年儿童独自在家或是和同伴一起出门活动所发生的安全事故数不胜数。如果学生安全意识淡薄，没有应急知识储备，不具备一定的应急技能，面对意外情况时就会缺乏自救、施救能力。

故灾害急救项目的设计是基于科学学科的教学内容和四年级学生的具体情况而设计的，旨在能够在帮助学生了解自然灾害，认识到不同自然灾害给人类生活带来危险性之余，能在对灾害救援这一方面掌握一些知识和技能，并能够在遇到一些自然灾害和紧急情况时,能够运用到这些学习到的知识和技能,从而减轻减少灾害给自身带来的伤害。

(二)"灾害急救"项目案例描述

"灾害急救"项目是四年级"地球空间——灾害与救援"单元的主要项目。如前所述,这个单元的"Central Idea"包括各种自然过程造成灾害;比如地震、海啸、火山爆发、台风、洪水;人类不能消除危害,但可以采取措施减少灾难对人类的影响。通过怎样的项目可以让学生来贯彻"Central Idea"呢?灾害的种类有许多,不同灾害的形成原因以及给人们生活带来的影响和危害都是不同的。对于学生来说,除了要了解不同灾害的形式和危害以外,更要有自我保护的知识和能力。于是,"灾害救援"的驱动性问题就应运而生了:面对_____灾害,上海市政府将向市民发放灾害急救箱,你会放入什么物品?又将如何设计外部结构呢?

本项目重点考查学生的探究能力中的数据分析和方案解析,关注学生合作能力中的讨论能力以及调控能力中的计划反思。

在这个项目学生经历了以下历程。

1. 提出问题

通过观看各类灾害纪录片,以直观的方式知道自然灾害的不同类型的定义和灾害名称,了解自然灾害的成因和发生过程,并认识到自然灾害对人类和自然环境造成的各种危害。通过观看视频微课程学习不同思维导图类型,了解不同思维导图的定义,知道不同思维导图能够运用在不同的学习场景和任务中,了解其适用范围并学习不同的绘制方法。在学习后,能够选择合适的思维导图类型梳理六大自然灾害类型,进行适时补充。提出驱动性问题:如果上海市政府要向市民发放灾害应急救援箱,你认为应该发放什么灾害的应急救援箱呢?应急救援箱内部可以放置什么物品呢?

2. 理解问题

阅读"上海地区1949年—2000年突发灾害事故统计"一文,罗列出文中出现的上海地区自然灾害类型,并进行灾害数据的梳理和整理。对比数据,分析数据,找出数据的不同类型,着手准备绘制统计图表。补充不同统计图表的类型定义和名称,学习不同统计图表的适用范围和绘制方法,并选择已经梳理完成的数据进行统计图表的绘制。

3. 形成初步成果

观察统计图表呈现的特点,思考驱动型问题,能够选择一种灾害类型作为发放的灾害应急救援箱主题。根据选择的灾害应急救援箱主题,思考应急救援箱内部物品放置,完成物品放置清单,并阐述理由。

4. 交流讨论并形成最终成果

小组内分享应急救援箱内部物品清单,在交流和解答问题的过程中修改完善物品清单。小组讨论整合最终物品清单,思考设计外部尺寸,根据灾害特点确定灾害应急救援箱制作材质。根据设计,以小组为单位进行制作。班内展示分享成果。

二、"灾害急救"项目评价设计

(一) 项目目标与评价目标

1. 项目目标

结合学校的育人目标,形成项目目标:

(1) 了解地球上不同灾害的名称和形成的原因。

(2) 探究能力四:数据分析——能灵活运用基础的数学原理和计算能力来分析问题,并初步解决问题。

(3) 能够根据灾害类型特点,设计应急救援箱内部放置物品,思考外形材质。

(4) 探究能力五:方案解析——能向同伴详细地解释自己的设计方案,并修改现有的方案,形成一份更完善的方案。

(5) 调控能力五:小组中能够对灾害救援箱制作有清晰的计划,并拥有修改和调整的能力。

(6) 合作能力二:善于讨论——①能接受自己的以及自己认为正确的观点;②能与某两类型的人或群体沟通观点;③能用他人可以接受的方式表达自己的观点,表达较为清晰且具有一定的逻辑;④对谈话进程稍有帮助;⑤自己能基本准备好研讨的观点和材料。

2. 评价目标

本项目评价的是项目目标中的(2)、(4)、(5)、(6)。

(1) 评价目标中的探究能力四在评价中细分为:学生通过阅读文章,能够正确梳理上海各项灾害数据;能够选择自然灾害的各项数据,正确绘制图表;通过观察统计图表,对比分析数据,思考紧急救援箱类型;得出救援箱类型结论,并简单阐述理由。

(2) 评价目标中的探究能力五在评价中细分为:能向同伴详细地解释自己火灾应急救援箱内部物品清单初稿;能够记录自己救援箱物品清单与同伴清单的相同点和不同点;选择同伴合适的建议给予采纳。

(3) 评价目标中的合作能力二在评价中细分为:能够在与同伴交流讨论中,认真虚心倾听同伴提出的问题和建议;能用合适的方式向同伴表达观点。

(4) 评价目标中的调控能力五在评价中细分为:能够根据设计方案合理安排分配任务;能在规定时间内完成制作;能够在制作过程中,根据实际情况对方案做部分的调整和修正。

(二) 项目全程中的评价节点与任务

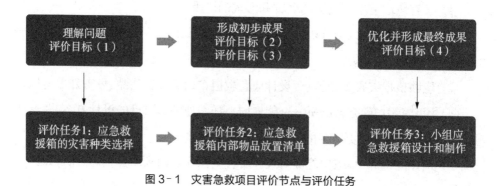

图 3-1 灾害急救项目评价节点与评价任务

(三) 评价任务设计思路

结合"探究能力四:数据分析——能灵活运用基础的数学原理和计算能力来

分析问题,并初步解决问题。"设计了评价任务1。评价任务1中主要评价学生是否能在阅读文章后,对上海灾害发生类型和各项数据进行整理梳理,运用数学学科的统计图表知识,选择不同自然灾害的各项数据进行统计图表绘制,能从统计表的数据体现中探究数据特点,进行分析后从而确定家庭灾害急救箱类型。

结合"探究能力五:方案解析——能向同伴详细地解释自己的设计方案,并修改现有的方案,形成一份更完善的方案。"和"合作能力二:善于讨论——①能接受自己的以及自己认为正确的观点;②能与某两类型的人或群体沟通观点;③能用他人可以接受的方式表达自己的观点,表达较为清晰且具有一定的逻辑;④对谈话进程稍有帮助;⑤自己能基本准备好研讨的观点和材料。"设计了评价任务2。评价任务2中主要评价学生是否能进行灾害应急救援箱内部物品清单个人思考,并罗列物品清单及放置理由。通过小组倾听、交流、讨论后进行修改。

结合"调控五:有较为明确的目的和较为清晰的计划,能较为有效地利用时间,可以对方案做部分的调整和修正。"设计了评价任务3。评价任务3中主要评价学生在小组经过讨论后,能够确定火灾应急救援箱设计,并根据制作内容和时间节点讨论小组分工,并按照分工表按时进行灾害救援箱的制作。

三、"灾害急救"项目学习型评价任务

在本次项目评价设计中,意图关注学生的探究精神,引导学生去探索,鼓励学生在探究活动中寻找答案。我们应该引导他们注意观察周围事物,鼓励孩子提出问题。问题提出来后,教师提供引导的问题和探究的支架,让学生自己去操作和讨论。在教师引导和建议下,学生们自己在探究的过程中得出结果。

四年级是小学低年级向高年级的过渡期,孩子开始从被动的学习主体,向主动的学习主体改变,他们对于许多未知的东西往往存在着强烈的好奇心,他们有着"打破砂锅问到底"的求知欲和"绞尽脑汁"的探索欲。四年级的学生在前几年的学习过程中,已经掌握和积累了不少知识和技能,同时也习得了不少能够帮助他们探究未知知识、技能和领域的探究方法。同时,这个年龄段的学生也处于自我意识快速发展的阶段,他们对于自己的能力和表现有着极大的自信,也不愿意

去采纳接纳有些不一样的声音,往往表现为当别人提出的建议和意见时,容易产生不服的心态,不愿意去正视他人口中不同的声音。对时间和效率的把控不好,对于一件要完成的任务,清晰、合理罗列计划的能力还有待提高。

(一) 学习型评价任务 1:应急救援箱的灾害种类选择

学生在了解驱动性问题后,第一个探究的问题便是为上海市民选择哪一类灾害发放应急救援箱,对于上海地区各类灾害发生的频次和灾害类型的选择还需要补充资料帮助解决问题。故教师设计了评价任务和标准(见表 3-1)。

表 3-1 应急救援箱的灾害种类选择

1. 如果上海市政府需要理解这些数据。你能帮助他们吗?对文本中的内容进行数据整理分析。

灾害名称	发生次数	死亡人数	受伤人数	经济损失

2. 请选择灾害的不同数据,选择合适的统计图表形式,绘制相应的图表。

3. 通过观察分析上述数据,说出你的两个发现:
(1) _____
(2) _____

续表

4. 上海市政府要为突发性灾难给市民发放应急救援箱,你建议对于哪一种突发性灾难发放应急救援箱?请简述理由。

　　我建议对于(　　　　　　)灾难发放市民紧急救援箱。因为＿＿＿＿＿＿＿＿＿＿
＿＿＿＿＿＿＿＿＿＿＿＿＿＿＿＿＿＿＿＿＿＿＿＿＿＿＿＿＿＿＿＿＿＿＿＿
＿＿＿＿＿＿＿＿＿＿＿＿＿＿＿＿＿＿＿＿＿＿＿＿＿＿＿＿＿＿＿＿＿＿＿＿
＿＿＿＿＿＿＿＿＿＿＿＿＿＿＿＿＿＿＿＿＿＿＿＿＿＿＿＿＿＿＿＿＿＿＿＿

评价维度	评价标准	自评	互评
通过阅读文章,能够正确梳理上海各项灾害数据	能正确梳理数据:☆ 无法正确梳理数据:0		
能够选择自然灾害的各项数据,正确绘制图表	能正确绘制图表:☆☆ 能正确绘制部分图表:☆ 无法正确绘制图表:0		
通过观察统计图表,对比分析数据,思考紧急救援箱类型	能得出救援箱类型:☆ 无法得出救援箱类型:0		
得出救援箱类型结论,并简单阐述理由	能简单阐述理由:☆ 无法简单阐述理由:0		
合计			

在设计评价任务时,教师根据四年级学生的学情和学科知识进度,设计了不同板块来引导学生完成任务单。

要想选择合适的灾害救援箱类型,必须先了解上海地区各类灾害的发生频率以及给日常生活、人身安全和财产等方面带来的影响,所以教师先提供了一篇《上海地区1949年—2000年各类灾害发生数据》的相关文章,让学生对相关数据有初步的了解。文章中的各项数据较为分散,基于学情,学生在阅读后便能够对灾害发生频率进行准确对比的难度较大,故教师设计了任务单第一板块:通过表格梳理文中各项灾害的类型及各项数据。

梳理数据后,如何让数据变得更为直观呢？教师便想到了数学课中学生们学过的统计图表,以图表形式来呈现数据会比纯文本更立体,更有说服力,也能够促使学生从不同角度来整理、分析数据,于是便有了任务单第二板块:用灾害的不同数据,绘制相应的统计图表。

第三板块和第四板块是在进行数据整理分析后,学生能够在观察数据和统计图表后,得出初步结论和对于灾害急救箱类型的初步设想,并组织文字进行记录和阐述,这一部分旨在锻炼学生们的书面语言表达能力和解释说明能力。

在阅读文章时,教师观察发现学生在阅读整理数据中的状态应主要分为三类:(1)能够流利顺畅阅读整篇文章,并准确梳理出文章中出现的不同灾害种类及其数据。(2)能够较为流利顺畅阅读整篇文章,能够在阅读后梳理文章中出现的上海发生的不同自然灾害种类,但在灾害各项数据整理方面存在遗漏。(3)学生们在阅读的过程中比较难从长篇文章中找出上海地区不同灾害种类,也很难将每种灾害在1949年—2000年之间发生的数据梳理清楚。

对于这三类情况中的后两类,我们给予了学生一定的学习支架:

① 请学生先自读文章,然后在小组内轮流朗读文章内容,这样不仅能够对文章内容有充分的了解,也能够在朗读的过程中文章中出现中的不同灾害名称。在全部朗读完成后,以小组为单位交流文章中出现的各种灾害种类名称,罗列在任务单的空白处。

② 为了便于区分不同灾害的数据,指导学生们使用不同的圈做记号、不同颜色的彩铅或荧光笔,将不同类型的灾害数据标记出来,便于下一步的数据梳理和分析。

③ 通过填写表格的形式,将已经圈划出的数据按照灾害类型和数据种类填入表格中,这样能够较为直观地看到每一个灾害的数据,并能够进行横向纵向比较。

图3-2 学生运用不同方法区分数据

在绘制统计图表之前,教师向数学学科教师了解四年级学生对于统计图表的掌握情况,得知数学统计图在课堂中只学过一个类型的定义和绘制方法,无法绘制出不同类型的统计图表。教师适时给予学生资料型学习支架,补充不同类型统计图表的定义和绘制方法,让学生能够拓展不同统计图表的相关知识。

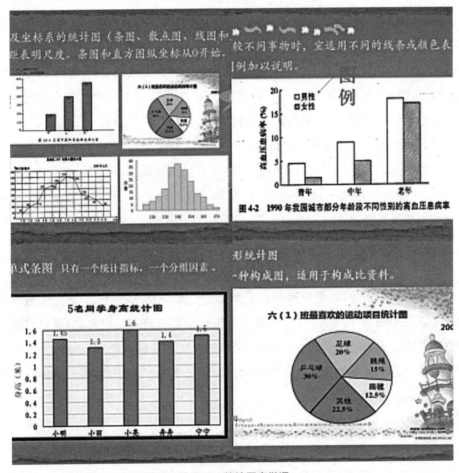

图 3-3 统计图表微课

在进行学习后,进入个人统计图表绘制时间,教师在巡视的过程中发现有不少学生无法判断自己的数据统计图绘制是否正确。好几位学生待坐在座位上,并没有动笔进行绘制,有些不知所措。在教师的耐心询问下,得知这些学生在学习了补充知识后,并没能完全理解统计图表的绘制方法,所以无法独立进行绘制。

教师得知这一情况后,请班级的学生先暂停了手头的绘制任务,并调整了教学策略:(1)小组为单位,挑选一组数据,根据这组数据共同讨论如何绘制,进行实际操作。(2)小组共同绘制后,自己选择灾害数据,进行统计图的绘制练习。小组内互相交流检查统计图,互相提出建议,指出绘制错误的地方,进行修改。

学生们一开始了解到要进行统计图表的绘制时,都很担心,因为对于补充的学习资料,他们没有进行过相关的练习,对于能不能正确画出统计图表没有信心。此时,小组先合作探究的方法,就会比直接个人独立完成更合适。学生们在小组探究的过程中,通过集体的智慧,选择一组数据作为练习资料,将刚刚已经学到的绘制方法进行实践。有的小组的方法是,每一位组员选择一种统计图表针对同一组数据进行绘制,其他同学对照补充资料中的绘制方法,核对这一图表是否正确,是否有缺漏的地方,也有的小组是集体讨论该如何绘制,然后在自己的草稿纸上分头绘制,完成后放在一起进行比较,是否有不正确的地方,再进行修改。在小组练习后,不少同学通过同伴探究、互助,掌握了这些绘制方法,为之后独立绘制统计图表提供了帮助。

(二) 学习型评价任务 2:应急救援箱内部物品放置清单

通过统计图表分析,学生根据文章数据分析和生活实际考虑,认为上海地区最容易发生的灾害为火灾,且火灾灾害急救箱在家中普遍是没有的,所以可在家中设计并放置火灾应急救援箱。那么,家庭的火灾应急救援箱中应该放置哪些适合应急救援的物品呢?选择这些物品的理由是什么呢?基于此问题,教师设计了评价任务和标准(见表 3-2)。

表 3-2 应急救援箱内部物品放置清单

请罗列出你认为适合放入火灾应急救援箱内的物品,并简单阐述理由:			
物品名称	放置理由	物品名称	放置理由

续 表

物品名称	放置理由	物品名称	放置理由

我和别人的自救箱的相同点和不同点有哪些:

相同点:	不同点:

请在小组内进行交流,记录组员给你的建议和意见:

最终我选择下列物品放置于火灾应急救援箱内:

续表

评价维度	评价标准	自评	互评
能向同伴详细地解释自己火灾应急救援箱内部物品清单初稿	能详细介绍物品清单：☆ 无法详细介绍物品清单：0		
能够记录自己救援物品清单与同伴清单的相同点和不同点	能记录：☆ 无法记录：0		
能够在与同伴交流讨论中，认真虚心倾听同伴提出的问题和建议	能接受同伴提问和建议：☆ 无法接受：0		
选择合适的建议给予采纳	能采纳合适的建议：☆ 不能采纳合适的建议：0		
能用合适的方式向同伴表达观点	能用合适的方法表达：☆ 无法用合适方法表达：0		
合计			

此项任务中，学生们需要先进行信息收集和思考：怎样的物品适合放入火灾应急救援箱内？学生罗列出内部放置清单后，进行小组内交流，轮流陈述自己的救援箱内部物品及放置理由，在聆听的过程中，发现自己救援箱内部放置物品清单和组员清单的相同点和不同点，并进行记录。每有一个组员介绍完毕后，小组其他成员可对他的清单进行讨论，进行一个优化调整。

教师在设计这一任务单时采用的是先个人思考后同伴交流的形式。

任务单的第一板块先请学生通过对于火灾这一灾害的特点和对于救援这一目的的理解和思考，罗列其个人眼中适合放入火灾救援箱的物品，并简单阐述放置理由。

经过个人思考后，便进入同伴交流环节，想要给同伴提出合理的建议，必须了解别人的救援箱中想要放置什么样的物品，教师便设计了任务单的第二板块内容：记录同伴物品清单和自己清单相同点和不同点的表格。在记录的过程中，会产生不同的观点和疑问，以便于向同伴提出自己的见解和建议。

教师在巡视小组讨论中发现，四年级相当一部分同学在交流过程中聆听并不认真，处于一种"打酱油"的状态，游离在讨论之外。基于这样的问题，教师们在过程中及时给予评价标准及学习支架：小组交流答辩会：小组内依次对自己急救箱内的物品进行介绍,介绍完毕后,组员对内部放置物品可进行提问或质疑,介绍的同学进行回答。

在答疑会中,组员们对同伴的物品清单展开了积极的提问和解答。有A同学提问他的组员:"你的火灾应急救援箱中写了创可贴这样物品,这是用来包扎伤口的吗?"得到了肯定的回答后,他继续追问:"我们日常生活中经常使用的创可贴尺寸并不是很大,那如果伤口比较大怎么办呢?"B同学略一思考后,兴奋地说:"我知道了,我可以在物品中加入纱布,这样遇到大伤口也可以包扎了!"C同学补充:"我妈妈买过一种创可贴组合,是由几种大小不一样的创可贴组合起来售卖的,你也可以在创可贴这个物品前面补充不同尺寸这几个字,这样写得比较清楚。"D同学又抛出了他的问题:"我去卫生室处理过伤口,卫生老师都会先在我的伤口上进行消毒后,再进行包扎,是否也可以加入消毒用品呢?"E同学听完后连连点头,并在他的清单中加入了碘伏和酒精棉球这两样物品。另一组F同学也对组员的物品提出了疑问:为何她的火灾应急救援箱中会出现"零食"这一物品呢?好像并不适合出现在救援箱中。G同学回答说:"在火灾逃生后,也许会有一段时间回不到家中,肚子饿的话可以吃一些东西充饥。"其他组员听完回答,提出"零食"一词的表达并不合适,零食一般都不是在正餐时候吃的视频,一般也不能够吃饱,应该考虑放置一些既能够填饱肚子又能够长时间存放的物品。H同学听完组员的建议,连连点头,赶紧在任务单上进行了记录。还有I同学对组员进行了提问:"你的火灾救援箱物品有毛巾,应该是用来捂住口鼻逃生的吧。据我所知,火灾逃生时得使用湿润的毛巾才行,如果火灾发生时,不能靠近水源该怎么办呢?那干毛巾就无法起到作用了。"J同学立马回答:"那我就在火灾救援箱内放一瓶水,这样就能够将毛巾打湿了,还可以在逃生时补充水分。"在组员的一个个问题中,在同学的解答中,学生们能够有更多的思考,也能够有机会对自己的内部放置物品进行调整优化。引入了评价任务和标准学生的实际情况有了极大的改进:

1. 任务中需记录清单的异同点,这样学生在倾听时就会更为专注。

2. 在答辩会中,同学们有了更积极主动的态度,在同伴提出问题后进行回答时,能够在问答中发现问题,寻求优化,采纳合理合适的建议。

有的小组在沟通交流的过程中,声音较大,学生情绪比较激动,容易引起争执。教师及时了解情况,得知学生们情绪比较激动的原因是在有的组员对于同伴

图3-4　学生们在小组内进行交流答辩会

提出的建议或意见并不接纳,认为自己所设计的内部清单没有任何问题,容易激动,和同学产生矛盾。

基于这样的问题,在课程中教师们进行了以下调整,加入学习支架,邀请学校心理老师开展心理教育:如何跟同学表达意见。通过心理老师的教学和疏导,也能让学生们体会到不同语言表达方法所带来的效果是不一样的,有的时候因为没有经过深思熟虑,语言上随意地脱口而出,说出的话语和想要表达的意思大相径庭,往往就会好心办了坏事。在表达看法时,也要学会换位思考,运用更为恰当、温和的语言,更能被别人接纳。

(三) 学习型评价任务3:小组灾害应急救援箱设计和制作

在进行了个人思考设计后,将以小组为单位进行灾害救援箱的制作,教师设计了相应的评价任务和标准(见表3-3)。

表3-3 小组灾害应急救援箱设计和制作

通过交流讨论,以下是我们小组最终选择放入火灾应急救援箱内的物品:

小组分工表:

组员	负责内容	完成日期

在制作过程中,我们小组认为可在救援箱内部/外部修改或添加以下内容:

部位:

添加/修改内容:

理由:

制作完成后,我还想学习_____相关知识,能够更好运用火灾应急救援箱中的物品。

评价维度	自评	师评
能够根据设计方案合理安排分配任务	A B C D	A B C D
能在规定时间内完成制作	A B C D	A B C D
能够在制作过程中,根据实际情况对方案做部分的调整和修正	A B C D	A B C D
A:完全能做到　B:大部分能做到　C:部分能做到　D:不能做到		

在设计评价任务和标准前,学生在完成小组任务时,时常出现毫无头绪影响进度,分工不明确导致杂乱无章等情况,且在过程中,若遇到设计时没有考虑到的问题,缺少修改的驱动力和积极性。教师在设计此任务单时,聚焦学生的调控能力评价,主要分为两个方面:(1)是否能根据设计方案合理安排任务,并在规定时间内完成。(2)能否在制作过程中,根据实际情况对方案做部分的调整和修正。

对于第一方面评价,教师通过小组灾害急救箱物品清单和小组分工表格来帮助学生进行梳理,并在小组分工表格中加入"完成日期"这一内容,让学生能够根据整体进度合理安排各项任务的完成时间节点,既能够纵观全局,也能够考虑各项细节。

对于第二方面的评价,教师也主要考虑到每一个小组在制作的过程中,会遇到一些困难,也会时常迸发出新的灵感和火花,于是在任务单中设计一个板块,请学生们在制作过程中,记录一些使得灾害急救箱能够更好或是更具特色的调整之处。

在进行这一学习任务时,学生反馈较为困难的地方是:学生在制作火灾应急灾害箱的过程中,不知道该如何根据方案做部分的调整和修改。

对于这个问题,我们给予了学生一定的学习支架:请学生思考调整和修正是想在外观上体现还是在内部体现?做出这一调整或修改的目的是什么?

同学们针对问题开展思考和讨论,部分同学想在火灾救援箱的外观上进行一些添加和修改:(1)一组同学想到学校的不同角落都放置了应急灭火箱,灭火箱的颜色和消防车是一致的,所以,家中放置的火灾应急救援箱的外观也可以参考消防箱,这样更为醒目,一目了然。这一组同学将火灾救援箱的外观设计成鲜艳的红色,便于寻找。(2)一组同学回忆起在社区公告栏和商场内都看到过和火灾相关的海报张贴在醒目的位置,用来警醒市民们提高对于火灾的防范意识。同学们在上海地区灾害发生数据一文中也了解到,火灾对于人们生活的各方面都有着巨大的影响,不仅会造成建筑物的损坏和不同程度的经济损失,更是会对人体健康造成危害,甚至丧命!所以有的小组将一些防火的警示标语写在火灾应急救援箱上,用于警醒自己和家人。

也有部分学生想在火灾救援箱的内部进行一些添加和修改:有两组同学都发

图 3-5、图 3-6　学生在制作过程中对灾害急救箱外部进行设计和美化

现,他们所制作的火灾应急救援箱内部放置物品较多,而且这一救援箱也不是日常生活中常用的一个物品,就有可能在使用时,因为放置物品多出现东西太多找不到,时间太久忘记了有哪些物品放置在了救援箱内的情况。还有的同学反馈,家中的一些老人或是年幼的小朋友可能无法知道一些不常见物品的使用方法,导致火灾救援箱无法发挥它的作用。小组成员想到了爸爸妈妈网购一些东西时,常在包装盒内发现物品的使用说明书,通过仔细阅读说明书就能够了解物品的使用方法。所以他们借鉴了这一方法,在救援箱内部增添了物品手册。手册分为两部分,一部分介绍了放置物品的种类和数量,能够在使用时第一时间了解到内部物品。另一部分是放置物品的使用说明,使用一些简洁明了的语言来介绍物品的使用方法,帮助逃生者在短时间内就能够了解和掌握物品的使用方法。

图 3-7、图 3-8　学生在灾害急救箱内部设计并放置使用说明手册

制作完成后,教师也根据考察探究类项目中需呵护孩子们的好奇心这一特点,请学生们思考:火灾应急救援箱已经完成了,你还想学习什么知识,用来更好

帮助你运用救援箱中的物品呢？

有一组学生表示，他们想学习包扎的方法。包扎是比较专业的内容，平时日常生活中并不会接触到比较严重的伤口，所以使用创可贴就可以，但是火灾中也许会在逃生过程中产生较为严重的伤口，作为小学生又没有学习过专业的包扎培训，如果不及时包扎，在等待救护车和医疗人员到来的过程中，可能会导致伤口流血过多，加重伤势。若是能够掌握一些简单的包扎方法，就能够先简单处理伤口，及时止血，减轻伤情。教师在听完请求后，也及时补充了八字包扎法、环形包扎法和螺旋包扎法等视频教学，还在班级内请学生们进行了同伴练习。

有一组学生表示，他们想学习逃生绳结的打法。他们在交流中得知，大部分同学是居住在二楼及以上楼层的，火灾中极有可能会需要从窗户逃生，若是楼层较高，就会需要运用到绳子或是窗帘等材料来当成逃生绳。逃生绳需牢牢固定在栏杆或是窗框上，且能够承受成年人的体重，才能保证人员能够安全逃离火场。在日常生活中，他们只会对于鞋带或是塑料袋等物品进行打结，但是这样的结是不牢固的，如果逃生用到这样的打结方式，可能会造成更严重的摔伤。老师了解到这一组的需求后，在班级内进行了绳结的视频教学，同时请全班同学进行了实际操作练习。

还有一组学生的救援箱内放置了防烟面罩，能够在火灾时避免吸入有害烟雾。防烟面罩需要规范佩戴才能起效，若没有牢固严密佩戴同样会吸入有害气体，所以教师也在班内进行了火灾防烟面罩的佩戴教学，并在小组展示时请学生进行实际佩戴演示。

通过这次项目化活动，学生们有了许多收获：

（1）拓展了解各种自然灾害的种类；

（2）能够知道不同自然灾害给生活带来的影响；

（3）通过数据梳理、分析、比较，对于数据有一些新的发现；

（4）拓展了统计图表相关知识和绘制方法；

（5）能够围绕某一灾害特点思考灾害急救物品和理由；

（6）学会合理安排时间，做好计划，并按计划完成任务；

（7）能够在遇到困难和挫折时不轻言放弃，能够通过各种方法调整心态，调节情绪；

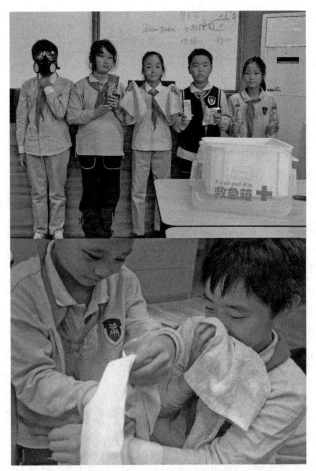

图 3-9 学生在成果展示时进行防烟面罩的佩戴演示和伤口包扎演示

（8）能够在同伴交流中，虚心接受他人意见，择优采纳。

通过这一项目的实施，学生们不仅在思想上对于日常生活中的灾害有了更深入的了解，提高了安全意识，也在实际运用中学习积累了一些灾害救援的方式方法。

参考文献
---

[1] 中华人民共和国教育部制定. 中小学综合实践活动课程指导纲要[M]. 北京：北京师范大学出版社.

第四章　社会服务类项目的评价*

《中小学综合实践活动课程指导纲要》对社会服务类活动提出：社会服务指学生在教师的指导下，走出教室，参与社会活动，以自己的劳动满足社会组织或他人的需要，如公益活动、志愿服务、勤工俭学等，它强调学生在满足被服务者需要的过程中，获得自身发展，促进相关知识技能的学习，提升实践能力，成为履职尽责、敢于担当的人。社会服务的关键要素包括：明确服务对象与需要；制订服务活动计划；开展服务行动；反思服务经历，分享活动经验。

社会服务类活动项目是指学生在教师指导下，走出教室，参与社区和社会实践活动，以获得直接经验、发展实践能力、增强社会责任感为主旨的学习领域。该类型活动具有服务性、社会性、实践性、自主性及多样性的特点。学生通过对社区中存在的真实问题，运用调查、探究等方式了解问题的产生，并结合真实的情景设计解决方案。该方案在经过班级评价后修改，最后由学生制作模型展示。学校将会邀请社区的负责人来校，通过展示汇报的方式向社区负责人提出自己的设计意图。

本项目以学生身边真实现象为背景，将学校与社区紧密联系，不断提升学生的精神境界、道德意识和实践能力，使学生人格臻于完善。在项目中需要学生关注到社区中现实存在的问题，从多角度思考，以小组合作的方式设计问题的解决方案并制作模型。注重培养学生的社会参与意识，发展社会沟通能力，形成遵守社会行为规范、服务社会、对社会负责的积极态度，从而增加学生的社会生活积累，获得对社会的认知、理解、体验和感悟。

故而这一类活动项目更侧重于对学生的能力目标评价，评价的目标类型包括探究能力、合作能力、调控能力和创新品质。探究能力中包括了善于提问、建立联

---

* 本章作者滕云。

系、设计实施、数据分析、数理思维、方案解析和分析评论;合作能力中包括了认真倾听、善于讨论、寻求帮助、团队合作和有效表达;调控能力中包括了投入学习、专注坚持、成长性思维、调控情绪和计划反思;创新品质中则包括了好奇心、勇于挑战、发散思维、聚合思维、重组思维和批判性思维。

在本项目的评价内容主要聚焦探究能力和合作能力。结合上文中提到的社会服务类活动项目特点,探究能力在这一类型项目中主要体现在学生在整个项目过程中能够去针对实际情况合理进行社区设计与改造。合作能力在这一类型项目中主要体现在学生在整个项目过程中能倾听别人的意见与建议,具有良好的合作和交流的态度以及能通过语言、文字对作品的完成过程及反思改进进行介绍。这一能力的评价方式主要是学生互评。

一、项目描述:社区微更新

(一) 为什么要做这个项目?

1. 培育学生《道德与法治》的核心素养

《义务教育道德与法治课程标准(2022年版)》提出,以社会发展和学生生活为基础,构建综合性课程。以学生的真实生活为基础,增强内容的针对性和现实性,突出问题导向,正视关注度高、涉及面广的问题,引导学生发现问题、分析问题、解决问题,提升道德理解力和判断力,强化规则、纪律、秩序、诚信、团结合作、冲突解决等教育。而"社区微更新"项目的设计正是将其目标相融合后诞生的社会服务类活动项目。

2. 融合学校校本课程内容的需要

落实"4+1"课程中二年级的"自我组织"单元,学习目标为"社区的功能"——不同的公共场所和它们的功能;我们所属的不同社区;人们在各自所属的社区中扮演不同的角色;制定社区服务计划。

融合学习目标,再结合上海近几年展开的"城市微更新"设计活动的开展,根据二年级学生的年龄特点,设计了适合二年级的"社区微更新"活动类项目。

3. 达成学校育人目标的需要

在以往和社区服务有关的教学中,学生和实际的社区是脱节的,授课的方式更多是教师讲授提问，学生学习回答。在整个学习过程中教师是输出，学生只是输入的一个过程，更多的是片面地了解社区。针对这个该问题，设计了"社区微更新"的项目，让学生走进社区、发现社区、了解社区。学生在该项目中除了能了解到社区的不同功能外，更重要的是从社区人的角度去看待社区，发现社区的问题，并且能尝试着去解决社区的问题。

在这个项目中，对学生的能力有较高的要求，它对学生解决问题的能力更加重视。社区与学校的紧密结合，可以更好地摆脱课堂教学的局限性，使学生的学习与实际生活更贴近，有助于提升学生的理解能力，进而提升学生对现实问题的处理能力。其次，有利于提高学生团队合作意识。以小组合作探究的方式，是需要团队成员之间更好地合作，对提升学生合作能力具有非常重要的意义。

（二）"社区微更新"项目案例描述

"社区微更新"项目是二年级"自我组织——社区的功能"单元的主要项目。如前所述，这个单元的"Central Idea"包括不同的公共场所和它们的功能；我们所属的不同社区；人们在各自所属的社区中扮演不同的角色；制定社区服务计划。怎样让学生更能直观地参与到社区的生活呢？教师在设计时参考了上海开展的"社区参与式规划"活动，结合学生日常社区学习生活中的真实情况：车位不够、小区快递摆放、流浪动物安置问题、消防通道占用、社区场地利用空间小等各类身边常见的问题。需要学生寻找到一个社区常见问题，并且尝试提出解决问题的设计方案。将这些相整合，提出了"社区微更新"的驱动性问题：同学们，你们知道吗？康健街道有一个关于"社区微更新"的活动，这个活动是向全社会公开征集设计方案，目的是能够让所有居住生活在康健社区的人们一起参与到社区的建设，对社区内老旧建筑和微型公共空间进行改造提升，让社区能更好地服务社区居民。那么作为生活学习在社区中的一员，你会设计一份怎样的设计方案呢？

本项目重点是考察学生合作能力中的讨论与倾听，关注学生在合作学习中如何有效提高探究效果。

在项目的初始环节中学生以教室微更新为着手点，理解"微更新"的含义及方式，在该环节中学生除了理解含义外，还需要改变日常思维模式，去发现去探究去设计。学生通过制作社区飞行棋，了解梳理社区的构建组成及不同场所的不同功能，对社区有一定的认知了解，这个环节能帮助学生建立社区形成的构架，有助于后期社区"微更新"的参照。接下来学生需要通过实际走访调查了解康健社区寻找社区中存在的实际问题，这环节中学生需要转换角色，能够站在多角度找寻社区问题。最后以小组为单位根据社区自身情况设计微更新的方案。班级进行社区微更新设计方案征集介绍答辩，班级学生针对其他小组设计的社区微更新方案提出问题与意见。组内根据班级内给到的建议与意见，组内进行二次修改，最终形成社区微更新设计方案。

考虑到二年级学生的书写和识字能力不像四五年级学生那样成熟，故而最后形成的项目成果是社区微更新的设计草图和简易方案（学生以填空的方式完成）。对于二年级学生来说，这个项目的成果重点更关注学生寻找到问题并想办法解决。

二、社区微更新项目评价设计

（一）项目目标与评价目标

本次项目评价主要聚焦在合作能力，是以二年级学生合作能力意识较弱和社会服务类活动项目中注重培养学生的社会参与意识，发展社会沟通能力的特点为依据，以学校项目化学习能力评价指标中二年级合作能力的评价指标为依托制定如下的目标。

1. 项目目标

了解社区的基本功能，能以小组合作的方式探究社区，发现社区内现有功能的缺失或者问题。

通过讨论交流的方式分享自己的发现，并能倾听他人的发现。

通过有效的合作讨论制定"社区微更新"的设计方案。

能向其他学生详细地介绍自己组的设计方案，并能删选他人提出的有效信息进行改进。

对于他人的设计方案能基于证据进行简单的评论。

2. 评价目标

合作能力（一）倾听：在"社区微更新"项目中的每次讨论能主动、认真地倾听他人发言。

合作能力（二）讨论：在"社区微更新"项目中的每次小组任务中能接受自己认为正确的想法；能与组员沟通观点；会用自己清晰的语言或图文表达自己的观点。

（二）项目全程中的评价节点与任务

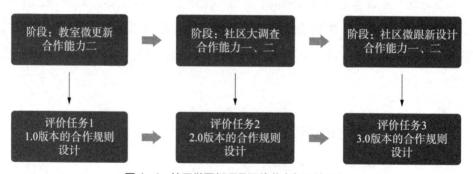

图 4-1 社区微更新项目评价节点与评价任务

（三）评价任务设计思路

通过将合作能力一和二的拆分，分别设计了倾听与讨论的 4 条判断。其中"他人发言时是否打断？"和"他人发言时是否走神？"来判断是否有倾听他人发言；"他人发言时是否明确内容？"和"对他人的发言内容是否有思考？"指向能主动认真倾听，意在帮助学生培养有效的倾听能力。

而讨论中"组内讨论时是否发言？"指向能与同伴沟通观点；"发言内容是否与活动内容相关？"和"发言时是否能够让所有组员清楚你表达的观点？"指向了能够清楚表达自己的观点；"当讨论结果与自己观点不一致时，是否能够不闹情绪接受或尽量说服别人？"则指向能接受自己认为正确的观点。所有的评价都是由易到难,有学生能做到和需要努力才能达到的评价。

三、"社区微更新"项目学习型评价任务

在本次项目评价设计中,意图关注学生过程性评价的呈现,意在帮助学生提高自己的合作能力,提升学生的合作学习素养。

(一) 学习型评价任务 1:过程性评价

1. 评价形式:以多次评价的积分方式,形成贯穿整个项目的过程性评价

本次评价共采用 10 次累计评价,每次评价皆分自评和组评,主要是根据倾听和讨论两个能力进行评价。评价方式采取积分制,满分 4 分,达到要求即得分,考虑二年级学生年龄段,故而所有的评价内容均以是否为判断。本次评价任务与以往活动项目评价最大的不同在于,以前设计评价是以单个任务单次评价为主,但要知道能力的培养不是一蹴而就的,是需要一段时间有意识地训练形成一种习惯。所以为了帮助学生培养合作能力,本次设计的合作评价是以多次评价的方式,通过每一次的评价,让学生有意识地按照要求去完成每一次的合作交流,并能通过赋分的方式看到自己的进步或者缺失。具体评价表如表 4-1。

表 4-1 社区微更新合作能力评价单

班级:	姓名:	学号:	组员:
评价内容			
倾听		讨论	
1. 他人发言时是否打断?		1. 组内讨论时是否发言?	
2. 他人发言时是否走神?		2. 发言内容是否与活动内容相关?	
3. 他人发言时是否明确内容?		3. 发言时是否能够让所有组员清楚你表达的观点?	
4. 对他人的发言内容是否有思考?		4. 当讨论结果与自己观点不一致时,是否能够不闹情绪接受或尽量说服别人?	

续表

自评	日期										总数
	评价数	倾听									
		讨论									
组评	日期										总数
	评价数	倾听									
		讨论									

评价规则
1. 日期：评价当日日期。
2. 每次评价倾听总分4分、讨论总分4分，对应评价表的四条内容。
3. 自评即根据评价内容自我评价，每做到一条即得一分。
4. 组评：小组投票评价。得分方式：组内逐条投票，如票数过半或多数人投同意票，则该同学能获得该分，反之则不得分。根据组内评价结果填写评价数。
5. 总数评价方式(10次评价计数)：(修改为等第划分)
倾听：须努力(0—8)　待改进(9—16)　合格(17—24)　良好(25—32)　优秀(33—40)
讨论：须努力(0—8)　待改进(9—16)　合格(17—24)　良好(25—32)　优秀(33—40)

该评价为整个项目的过程评价，需要适应本次项目中的大多数任务的评价，故在设计评价内容时采用仅针对能力的评价内容，意在尽量能让评价内容匹配到多个项目任务中。评价方式采用任务前提前告知评价，到任务当天告知评价，最后不再提前通知评价的方式。其目的是让学生能够从需要教师提醒有意识地做到评价内容，到后期不需要他人提醒能做自主评价内容。学生在每次交流完成后，教师将给时间让学生根据交流过程中合作能力进行自评和组评。

2. 项目中评价的使用情况

在开始的入项"教室微更新"过程中，学生需要寻找自己本班级教室及该班级项目化专用教室中存在的不合理现象或者根据以往学习生活中观察到可以进行改进的地方进行微更新设计。一开始在布置任务的过程中，明显发现学生的思维比较局限，二年级的学生对于寻找教室微更新这个任务不知道如何下手。但很惊喜地发现二年级学生对于寻找班级教室问题这个任务却能很好地完成。故在这个地方教师增加了一个环节，将原本的"教室微更新"进行了拆分，引入了新的任务(即"寻找班级教室或专用教室平时在使用过程中看到或者遇到的不便捷的地方")，也是在这里，开始了学生们在这个项目化的第一次正式讨论。

首先由教师在整个活动正式开始前将评价表下发并讲解讨论的评价,达到评价前置的目的,让学生直观明白自己在交流过程中要做到的几点要求,并提出"每人轮流发言,所有人发言完成后先进行自我评价,再进行组评"。同时,在学生进行讨论交流的过程中,教师将评价内容投放在班级大屏幕上,意在提醒学生在讨论交流的过程中需要做到评价的内容。

在学生按照小组充分讨论过后就是本次项目化中第一次的合作评价,学生首先需要根据自己刚才在小组内交流的表现进行自评,然后就是依次进行每个人的组评。这个过程中教师特意又强调了组评的规则要求,并将评价规则投放到班级的大屏幕上。

3. 学生的表现

在第一次实际操作的过程中会发现各种问题层出不穷。如在讨论的过程中二年级的学生对于讨论的积极性很强,每个人都想要第一时间发表自己的观点,而对于安静倾听他人发言及不打断他人发言的能力较弱。尽管教师再三强调合作评价中的"他人发言时是否打断?",但对于二年级的学生来说要时刻记住确实有很大的难度。很常见的状态就是同一个小组里会有两三个学生同时在发言,但也有个别学生会提醒同时说话的学生不要打断他人发言,要一个一个表达自己的观点,可是效果不好,除了不听劝还有就是提醒的人也是大声去提醒,其实也是一种变相地打断他人发言。故而教师在学生讨论的过程中一发现该问题就及时暂停。第一时间进行了干预现场以其中一个小组为例,进行了现场模拟,并提出"这样交流有什么好处?"的问题,让学生理解这么做的理由,提高学生有效合作交流。也正是如此在这一规则的加入后,明显感觉到学生在进行小组合作交流时,组内打断他人发言的现象明显变少了,且学生会有意识地用举手的方式来向同伴表达自己的观点。

经过"激烈"的讨论,可以看出学生的想法天马行空,找到了很多可以进行微更新的入手点,如:有的学生考虑到教室较小,而讲台却很大,在打扫卫生或者教师如果有需要移动的话会很不方便;有的学生观察到教室后柜长期会摆放不同的作业,常常左一叠本子右一沓卷子,教室后柜看起来乱糟糟的很不整洁;有的学生注意到有些时候班级在离开教室时会忘记关灯,造成资源的浪费;还有的学生发现教室内的桌面会有铅笔划痕；专用教室椅子拖动声音太大等现象。从这里不难看出，学生在寻找发现问题的时候，每个人思考的出发点是不一样，有整体性的观察，也有局部性的思考。而有效的合作交流能够除了能够帮助学生表达自己的观点以外，也是一种开拓思维的方式，能让学生不再只局限于自己的思考点，而是拓展视野发散出更多的观察点。当然在这个寻找问题的过程中也会有一些不太善于观察的学生，这些学生在观察或者思考问题方面能力较弱，在小组讨论前想不出任何观点，利用合作学习的方式，让这些学生通过倾听他人寻找到问题，能顺着他人的思考方向跟着一起去发现，尽管寻找到的问题具有局限性，但比起什么都不说什么都不想的情况来说，这样的学生已经是迈出了成功的第一步。

随着第一次讨论的结束，第一次合作评价也随之而来，但却没想到的是第一次的翻车也来得如此之快。

只听"哇"的一声，第 3 小组的 A 同学号啕大哭起来，边哭边指责别人为什么给他打低分；第 5 小组的 B 同学也是不甘示弱，在自己的位置上大发脾气，认为自己都做到了评价内容，但小组的同伴针对他，故意不给分数。伴随而来的安慰声、争吵声，瞬间让教室炸了锅，教师也不得不暂停活动做起了"法官"。在经过了解后发现这些发生问题的小组都出现了"学生自评很高，但组评分数较低的现象"，加上二年级学生在被同伴否定时易情绪化的年龄特点，伴随而来的就是争执吵闹甚至大哭的现象，可以说第一次评价的场面有些惨不忍睹。

面对这一现象，教师当即将评价进行暂停，并向没有发生此类现象的小组"取经"，让他们来谈一谈，为什么他们没有出现上述的问题。其中第 1 小组的 C 同学委屈地说自己是被迫接受这个分数的，小组其他成员还不让他告诉老师；第 4 小组的 D 同学说他们都给自己小组的同伴高分，所以他们小组没人不开心。

4. 教师的反思和改进

在听了其他小组的分享之后，教师发现其实不是其他小组没有此类的问题，而是有些被评低分的学生被同组的学生压下来了或者同学们只是闭着眼睛给高分。这让教师意识到规则的漏洞，在整个评价过程中学生更多地关注了分数的多少，但最重要的合作能力反而没有关注到。这样的评价不但达不到教师预设的结果，反而可能会适得其反。其实出现这个问题的原因很简单，就是因为打分的学生不能以理服人,在评价的过程中不能够让被评价的学生明白自己为什么分数低。而这也会导致学生不知道自己的问题在哪里,下次再进行合作学习也依旧无法高分,这与设计的初衷事项违背的。故而在第二次的合作交流中,在规则上进行了修改。

(二) 学习型评价任务2:反馈性评价

1. 评价改进:增加他评时的反馈功能

针对第一次发生的问题增添了两条评价规则,其中"要求组评中不举手给分的学生必须说出被评价学生没做到的地方"。这条规则的修订其实目的是在帮助学生建立有理可依,有据可凭地评价他人,这个规则能够规避掉因个人主观意愿随意赋分的组员。一定程度上能让组评更加具有客观事实性,很大程度上也能够避免低分的学生出现情绪化的表现。从某种角度来说,其实也是在帮助学生了解到自己在本次合作交流过程自身的不足点,从而促进学生下一次在合作交流时能够有意识地进行纠正。而这也是从侧面培养了学生调控情绪能力的一种方式。从学生后续评价的反馈可以看出,该规则的增订确实大大提高了评价的意义,让评价不再只是浮于表面,而是能够真正让学生思考负责任地去评价他人,让评价成为真实有效的评价。具体评价规则如下:

表4-2 "社区微更新"合作能力评价单

```
评价规则:
1. 日期:评价当日日期。
2. 每次评价倾听总分4分、讨论总分4分,对应评价表的四条内容。
3. 要求在他人发言时,如需要发表自己的意见必须举手经得发言学生同意后才能发言。
4. 自评即根据评价内容自我评价,每做到一条即得一分。
5. 组评:小组投票评价。得分方式:组内逐条投票,如票数过半或多数人投同意票,则该同学能获得该分,反之则不得分。要求组评中每位不举手给分的学生必须说出被评价学生没做到的地方。根据组内评价结果填写评价数。
6. 总数评价方式(10次评价计数):
倾听:须努力(0—8)  待改进(9—16)  合格(17—24)  良好(25—32)  优秀(33—40)
讨论:须努力(0—8)  待改进(9—16)  合格(17—24)  良好(25—32)  优秀(33—40)
```

2. 项目中评价的使用

随着第一次合作交流的结束,每个人都拥有多个能够进行教室微更新的着手点。在此基础上,每个人选择自己感兴趣的一个着手点进行教室微更新的简单草图设计。对于二年级且初次进行草图设计的学生来说,要求不需要很高,只需要明确:(1)教室微更新的地点。由于给出了班级教室和专用教室两个范围,所以学生在设计图上需要明确标注设计的地点。(2)设计的原因。既然是要微更新,那一定需要告知看设计图的人设计的理由是什么,原本存在的问题是什么。(3)设计草图简单备注。直观地用绘图的方式让看的人一目了然,并通过标记说明的方式介绍自己的设计。

在学生正式设计草图交流之前,教师先请学生来谈一下上次评价中出现的问题:有的人会乱评价,特别喜欢的人给高分不喜欢的人给低分的现象;有的人被评价后不满意分数会发脾气;有的人根本不参与评价,不给别人打分。教师这时提出"如何解决这样的现象?",学生"八仙过海,各显神通",各种五花八门的方法层出不穷:取消乱评价人的评价权利;每个人都说一下给分或者不给分的理由;选一个小组长,让小组长评;取消组评,让老师来评等。经教师引导,最终学生一致同意在组内评价过程中,评价别人时如果不举手给分要讲理由。教师顺势将修改的评价规则投放到班级大屏幕上,并让学生及时增添上去。随后就组织学生开始完成设计草图。

在每个人完成自己的设计草图后,各个小组进行了第二次的合作交流。与之前一样,教师依旧是将评价内容提前投放在班级大屏幕上,与之不同的是,教师在投放前,先请学生来说一说讨论过程中需要做的事情和注意事项。在这个过程中,教师尽量请的是上一次合作评价有问题的或者平时规则意识较弱的学生,意在将合作评价的内容能够让每位学生记住加深合作学习的规则意识,并在交流完成后组织学生进行第二次的合作评价。

这个环节突出了合作学习的重要性,一个人看待问题往往是具有局限性的,学生在设计时看待事情的角度不一样,所以最终的设计成果也是千姿百态,但每个人的设计都具有缺陷,而这些缺陷又是设计师们自己所不能发现的,这时合作学习的意义也凸显出来了,也正是这样的合作交流才有了学生思维的碰撞,才能呈现更好的设计作品。

3. 学生的表现

相较于第一次的合作评价,第二次的合作评价呈现出来的问题就不再像第一次那么多,学生之间的矛盾也逐渐减少。学生在交流过程中除了做到倾听和讨论外,还会去关注其他同伴倾听和讨论的状态。如:

第1小组A同学提出关于"教室较小,而讲台却很大,在打扫卫生或者教师如果有需要移动的话会很不方便"的问题,该生设计的讲台为拼接式讲台,平时利用桌面下的搭扣将合体成一张完整的大讲台,当教师需要移动桌子时不用再整张桌子移动,而是可以通过搭扣拆分将讲台分为大小两部分进行移动。为了更方便移动,还在设计时将桌脚设计成滚轮的样子。在他交流的过程中他同组的B同学有着自己的想法,在A同学交流完后,B同学立刻举手,并提出"桌脚设计成滚轮虽然方便了讲台的移动,但也造成不需要移动时也会移动的烦恼"的设计漏洞,A同学的反应也是非常迅速,立刻提出可以将滚轮换成那种刹车滚轮。同组的C同学立刻打断认为还可以改成那种带刹车的万向轮,这样讲台在拖拽时更方便。B同学随后也举手发表了自己的观点,可以在设计时将拼接桌子的桌脚做成两个部分,大的部分讲台可以就用正常桌架,小的可拆卸的讲台装上刹车滚轮,这样在桌子拼接时能让桌子更具有稳定性。A同学也是将大家的意见进行二次加工修改在自己的设计草图上。

该组在评价C同学倾听时,组内大多数同伴只给了3分,因为C同学在发表自己的看法时虽然是全程积极参与的,但未做到不打断他人发言举手示意。原本C同学在看到大家给他3分时很不开心,但也能接受失分的原因,并且还向大家保证下次一定举手发言,甚至还默默拿出一张小纸条,写下举手发言贴在自己的铅笔尾端用来提醒自己。

第7小组D同学提出关于"教室后柜长期会摆放不同的作业,常常左一叠本子右一沓卷子,教室后柜看起来乱糟糟的很不整洁",针对这个问题有学生设计了在教室后柜放置置物架,通过置物架将后柜的物品摆放整齐。同组的E同学提出"当后柜不摆放作业或物品时,置物架本身是不是就很占后柜的位置,而设计置物架的目的是解决后柜杂乱、东西太多的问题,这样设计不是本末倒置了吗"的质疑。可以看出D同学在设计时未曾考虑到该情况,一时无法回答,这时同组的F同学根据自己的生活经验想到将原本的后柜置物架改成一种可折叠摆放的置物架。这样也能很好地解决当后柜不摆放物品时也能保证教室后柜的整洁。这时教师发现他们同组的G同学是始终游离在讨论交流之外的,既不发言也不倾听他人的发言。

故而在该组评价时,G同学两项内容的评分都很低,尽管同组的同伴告知他问题,但他依旧不是很在乎。这时他们组里较为外向的学生找到教师寻求帮助,并在之后的活动中一直反复提醒G同学,让他能够参与到合作交流中。

如上述的例子,在第二次合作学习评价过程中,不举手赋分的学生会将自己不举手的理由告知被评价的学生,如:某位学生在谁谁谁发言的时候和别人讲悄悄话没认真听;某位学生打断正在发言的谁谁谁;某位学生根本未参与到讨论中,一直在发呆玩笔;某位学生讲完自己的就不听别人的发言等。这样的行为也让被评分的学生了解到自己不足的点在哪里。尽管还是会有低分学生会表现出情绪化,但会发现同组的同伴会有理有据地跟该类学生讲道理,并且还会鼓励该类学生,在下一次的合作交流中取得进步。

4. 教师的引导

本次评价方式的修改对于二年级的学生来说是一种全新的评价方式,这也意味着教师在评价过程中的引导至为关键。上述提到教师在布置本次评价规则时不是以纯输出的方式直接告知学生,而是通过提出问题、发现问题、解决问题的方式引导学生自己添加修改的规则。通过提出"在上次评价中很多小组为什么会发生争执"为切入点,引导学生反思总结之前的评价并找出问题的关键点——随意评价,再让学生自己来想解决的办法,教师作为记录者帮助学生写在黑板上,最后教师将学生的方法进行汇总。在记录过程中教师除了板书外更重要的是帮助学生不走偏,学生在集思广益的过程中教师要始终引导学生既不偏题又能发散思维。

5. 教师的反思和改进

在本次评价过程中,教师发现学生在评价过程中会有个别学生出现一种现象:别人在评价自己时,他会将自己未做好的一点进行记录。有直接记录在设计草图空白处的,也有单独拿纸将问题记录下来的。这个现象给到了教师设计评价表一种启发:学生在评价时是要求他们给予学生评价理由的,但往往过了当天或者一段时间后,学生就会遗忘自己当时出现的问题。这些可能是"打断他人发言",可能是"他人发言时走神"等。于是怎么能更好地利用这个评价表,突出合作评价一个过程性进步也成了一大难题。而个别学生拿纸记录的这个行为给到了教师启发,如果在评价过程中将学生未做到的进行记录,那学生在下一次合作交流前只要看到这张评价表,就会意识到自己在合作交流中的不足,也能督促学生去改进。

另外在本次的项目过程中有其他教师也提出了两点建议:(1)分数制在评价过程中是否合理？现在的要求是等第制评价,故在每次评价结果的呈现上能否进行改进;(2)评价的语言描述,对于二年级这个年龄段的学生来说,现在评价的语言有些难理解,是否可以进行优化简化,用更便于二年级学生的话来呈现。

(三) 学习型评价任务 3:记录反思性评价

1. 评价改进:增加评价的记录功能

在 3.0 版本中结合其他教师提出的建议,除了加入了评价问题具体化呈现,也在评价内容和评价结果方式上进行了改进。在保留 2.0 版本的情况下进行调整,首先是评分制度的改变,将原本的分数制改为星星,并在评价过程中引导学生为自己赢得小星星,从而激励学生能主动去提高自己的合作能力。其次在评价表中加入星星,除了能让学生用自己的方式打星(打钩、涂色等)外,更重要的是让学生能够记录自己未做到的内容,将自己未能达到内容的数字写在空白星星里,有助于学生更加清晰地了解自己需要改进的地方。具体评价如表 4-3:

表 4-3 社区微更新合作能力评价单

班级:	姓名:	学号:	组员:
评价内容			
倾听		讨论	
★1 他人发言时你有没有打断?		★1 组内讨论时是否发言?	
★2 他人发言时你有没有看着他?		★2 发言内容是否和这次活动有关?	
★3 他人发言时你是否知道他说的内容?		★3 发言时是否能够用大家听得见的音量表达自己的观点?	
★4 你是否有思考他人发言的对错?		★4 当讨论结果与自己观点不一致时,是否能够不发脾气接受或尽量说服别人?	

续 表

		日期										总数
自评	评价数	倾听	☆	☆	☆	☆	☆	☆	☆	☆	☆	
		讨论	☆	☆	☆	☆	☆	☆	☆	☆	☆	
		日期										总数
组评	评价数	倾听	☆	☆	☆	☆	☆	☆	☆	☆	☆	
		讨论	☆	☆	☆	☆	☆	☆	☆	☆	☆	

评价规则：
1. 日期：评价当日日期。
2. 每次评价倾听总分 4 颗星、讨论总分 4 颗星，对应评价表的四条内容。
3. 要求在他人发言时，学生如需要发表自己的意见必须举手，经发言学生同意后才能发言。
4. 自评即根据评价内容自我评价，每做到一条即得一颗星。
5. 组评：小组投票评价。得分方式：组内逐条投票，如票数过半或多数人投同意票，则该同学能获得该星，反之则不得星。要求组评中每位不举手给分的学生必须说出被评价学生没做到的地方。根据组内评价结果填写评价数。
6. 评价过程中，出现未做到的评价内容需要在星星内备注未达到内容的相应数字。
7. 总数评价方式（10 次评价计数）：
倾听：须努力（0—8）　　待改进（9—16）　　合格（17—24）　　良好（25—32）　　优秀（33—40）
讨论：须努力（0—8）　　待改进（9—16）　　合格（17—24）　　良好（25—32）　　优秀（33—40）

2. 项目中评价的使用

在进行"社区问题大调查"的活动中，学生需要利用平时空闲的时间有意识地用各种方式去寻找康健街道中出现的各种问题。在这里也能看出很多学生是以经验的方式发现，通过自己日常生活中自己或者家人真实体验或观察到的方式来发现问题；也有极其个别的学生想到了可以利用访问调查的方式来发现问题。学生在将调查到的问题带到学校后，接下来的一步就是将问题进行汇总删选。由于每个人选择的问题都是至少有 3 个，且有些问题重复性较高或者解决起来很难，加上考虑到二年级学生一个人完成一份社区微更新方案难度系数不是一般的大，所以最终要求学生小组讨论后完成一张调查海报。海报的要求：(1)拥有和小组人数相等的社区微更新问题(即设计时理想方案是组内一人一个问题);(2)每个微更新的问题需要留有平均的空白处(用于下一步班级学生进行便签的粘贴)。在这个环节过程中,学生在合作交流中需要完成的任务:(1)交流自己调查到的社区问题;(2)了解其同伴观察到的社区问题;(3)能将相同的问题进行归纳整理;(4)选择一个社区问题进行保留。

  本次任务会进行两次评价,第一次为在完成"社区问题大调查"海报前,学生需要每个人轮流介绍自己调查到的社区问题,并在所有人介绍完以后能讨论出海报上最终呈现出的几个问题,在讨论完成后将进行本次任务的第一次评价;第二次评价是在全班学生进行完问题解决方法粘贴后,组内需要参考海报上粘贴的社区问题解决方法的便签,来讨论出自己小组最终选择设计的社区问题。讨论完成后需要组内进行本次任务的第二次合作评价。

  因为这个活动在整个项目中已经是中偏后了,此时的学生在经历了前期多次明确的合作评价方式,所以在这个环节中教师未提前通知学生拿出合作评价表,而是在每一次需要评价的时候要求学生拿出来进行评价。

  在本次的评价中教师提出了"你还记得之前你每次评价的扣分原因吗?",大部分的学生均是不记得,但有个别学生得意骄傲地高喊着记得,并迫不及待地分享他的评价表,一张背面备注好日期和原因的评价表。教师大力表扬该类学生,并将新更改的评价表进行投放,学生根据该表进行微调。

3. 学生的表现

  尽管合作评价表后置,但教师发现学生在合作交流时仍然保留着前期养成的合作交流的习惯。每组学生都是依次进行发言,并由于这次调查的社区问题会有一定的重复性,就会发现学生在合作交流时出现以下两种的处理方式:(1)当发现自己调查的社区问题和发言同伴相一致时,直接举手示意,用不打断同伴发言的方式将信息进行了归纳总结;(2)轮到自己发言时,一句带过自己和前面发言同伴调查发现的一样问题,不再重点去解说。这两类学生合作交流中出现方法很大程度上提高了学生合作交流的效率,学生在快速介绍问自己调查到的社区问题后紧接着就是社区问题的归纳整合删选。如:某小组1号同学讲述自己发现的社区问题有快递小区门口堆积问题;小区停车位太少了,车子停车困难;小区有的路灯不亮。B同学讲述的问题有小区停车位紧张；小区一些树木太高遮挡了路灯；小区地砖不牢固会让人摔倒。C同学讲述的问题有小区里车辆太多，车位太少；小区的单杠都生锈。这时其中一位学生发现大家的问题有重复，于是在交流的过程中，立刻举手示意，提出重复的内容可以不再进行二次重复，并且建议如果在交流过程中有学生说重复的内容算不认真听讲，可以在节约交流时间的同时，检测出谁没认真听。该组还将这样的建议直接反馈给了教师。

教师向全班提出该组学生的建议时，有学生指出这样太过武断，如果有学生忘记怎么办。该组指出可以利用铅笔进行勾选，别人提出过的打钩进行标记不就好了。鉴于这项建议的要求对于些许学生来说要求太高，故教师提出不强求该要求，如果要按照该要求进行打星，需要全组人都同意的情况下进行。

在本次的评价中，班级所有学生开始尝试有记录地评价，如A同学在组内评价时，有学生提出他未认真听某某某的发言，A同学立刻反驳，并将某某某的发言进行了大致复述。该学生在A同学复述后向A同学道歉，并提出A同学的哪个行为引起了他的误会，希望A同学下次也能够注意。教师看到A同学尽管未扣星，但仍然在自己的星星旁边给自己写上一个小小的"2"（代表倾听的评价内容：他人发言时是否走神）。

学生通过有记录的评价除了能及时知道自己的问题外，更重要的是自己提醒自己下次需要改进方向以及多次评价的对比。几次评价后根据评价的星星记录能够直观地发现自己的进步，在学生提升能力方面起到了很大的积极作用，让学生更容易接受自己的问题并主动改进自己的问题。

在经过组内合作交流以后，每个小组根据自己讨论后的结果进行海报的绘制。在完成海报绘制后，每位学生会拿到一本便笺纸。接下就是需要每位学生进行独立的思考时间。每位同学需要先在自己的小组内选择社区问题进行解决方法的提出，并将提出的方法写在自己的便笺纸上签上自己的学号，再将便笺纸粘贴到相应社区问题所留出的空白处，以便于后期该小组的学生能辨认出哪位学生提出的方法。在完成自己小组的方法提出后，每位学生就可以出发去下一组进行社区问题解决方法提出。要注意的是在这个环节学生不要将每组的每个社区问题都进行解决方法提出，只需要提出自己有想法的社区问题。

一轮独立贴便笺纸的活动下来,每位学生回到自己的小组开始新一轮的合作交流。在这个环节中,学生需要决定:(1)微更新设计最终使用哪个社区问题进行设计;(2)设计选用哪种方法。学生在讨论的过程中最后基本就是两类的选择:(1)选择解决方法最多的那个社区问题,理由是解决问题方法多说明这个社区问题简单已解决;(2)选择解决方法最让小组成员觉得眼前一亮的社区问题,理由是具有让小组成员都觉得惊叹的方法如果不设计出来感觉太可惜了。于是每组成员根据最终选择的社区问题进行分工合作设计。

值得关注的是各个小组在选择最终社区问题的环节上面也是进行了相当激烈的讨论。如:

有的学生认为可以选择大家调查出来重复性较高的问题,理由是这些问题重复性较高,也就是说日常生活中给到居民的不便利处也最大,所以大家都会感觉到不便利,那么从最常见的问题入手社区微更新的意义会更大。但该组有学生认为重复性高的问题太过普遍,设计出来的东西很容易和别的小组撞方案。另外的组员则认为装方案的原因不是在于问题的重复性高,而是设计的解决方法有没有创意。还有组员认为选择重复性低的问题设计起来更加困难,保险起见相对选择重复性高的来设计会更容易。在双方谁也无法说服谁的情况下,有学生提议干脆少数服从多数,按照投票来表决;

同样的事情发生在另外一组则完全是另一种解决方法,同样是关于选择重复性高还是低问题的争论,该小组的学生则提出干脆选两个,然后每个人针对这个两个问题都说说自己的设计想法,最后选择一个设计想法最有创意或者大家都喜欢的那个问题。

4. 教师的反思和改进

在本次的评价过程中,学生基本能够达到合作评价的标准。教师发现一些能力较强的学生很会利用好这张评价表。由于评价表是每次活动前提前发放,所以有些学生在倾听他人发表意见时,还会在表上进行记录。主要记录两类:发言学生的内容;倾听同伴的问题。在大多数能够完成基本评价的情况下,这张评价表有利于能力更强的学生进行实时记录,更进一步提高了一些有能力学生的合作能力。

在社区微更新方案设计的出项中,本次活动迎来了尾声。每组学生需要上台进社区微更新的设计展示和说明,而除展示小组外的其余所有学生都将是评审员,每位学生可以提出自己的意见或者问题。在这个环节中也是最能体现本次项目化中合作能力的进步。

从发言的小组来说,对比以前的一组一个人发言的情况。本次活动中的每个小组上台发言时都有着明确的分工,如有学生介绍选择该社区问题设计的理由;有学生介绍社区微更新的草图;有学生介绍该方案所需要用到的材料;有学生专门负责解答下面学生提出分问题;有学生负责记录该小组无法解答的问题或者后续需要进行改进的地方。明确的分工让学生能够根据自己的能力参与到整个活动中,不再只是优秀学生的"个人秀",而是团队合作的"小组秀"。能够让那些不想干、不会干的学生参与到项目中,体会到项目完成后的满足感,激发参与项目活动的兴趣。

从倾听的小组来说,对比以前在出项时教师需要一直管理纪律,让学生安静倾听不打断发言小组发言或者做其他无关事情。本次出项活动中,下面的学生基本都是处于认真倾听的状态,即使偶尔有不认真倾听,也是完全不会打扰到上面发言的学生。并且时不时还会发现有学生在这个环节还会进行记录,将自己等一下要发表的意见或者提出的问题记录下来,等到介绍的小组完全介绍完成后再统一提出。

从上面两个方面就可以看本次项目中的合作能力评价基本算是成功的,学生通过一整个项目的合作能力评价,从开始的需要教师反复提醒,到后面一点点有意识地按照合作能力评价标准去完成,到最后能够下意识做到合作能力的评价内容,教师在过程中起到从扶到放的作用。整个评价过程由于评价内容始终不变,故而采用了评价前置到评价后置的方式,前置是因为学生前期的不熟练为了能让学生有意识地去提升该能力,后置则更多的是让学生内化该能力,让学生在合作情况下下意识地根据要求进行讨论倾听,最终形成合作能力的内驱化。

这种合作能力是具有可迁移性的,学生在习惯这样的合作模式的同时,对于其他活动或者学科在进行合作交流时,也会将该能力运用到其中,提高合作交流的效率,让合作学习成为一种有力的有效工具,一种真正能激发孩子思维的方式,而不再是一种浮于表面的无效任务。

---- **参考文献** ----

[1] 中华人民共和国教育部著.中小学综合实践活动课程指导纲要[M].北京:北京师范大学出版社,2017.
[2] 中华人民共和国教育部制定.义务教育道德与法治课程标准:2022年版[M].北京:北京师范大学出版社,2022.

第五章 创新创造类活动项目的评价*

《中小学综合实践活动课程指导纲要》中，提到了以考察探究、社会服务、设计制作，职业体验为主的四大类综合实践活动的主要方式；虽没有明确提及创新创造类活动项目，但中小学综合实践活动课程的基本理念中提出课程目标以培养学生综合素质为导向，强调学生综合运用各学科知识，认识、分析和解决现实问题，提升综合素质，着力发展核心素养，特别是社会责任感、创新精神和实践能力，以适应快速变化的社会生活、职业世界和个人自主发展的需要，迎接信息时代和知识社会的挑战。同时，课程的阶段具体目标中也明确提出，需要培养学生的问题解决能力，能在教师的引导下，结合学校、家庭生活中的现象，发现并提出自己感兴趣的问题。能将问题转化为研究小课题，体验课题研究的过程与方法，提出自己的想法，形成对问题的初步解释。同时通过动手操作实践，初步掌握手工设计与制作的基本技能；学会运用信息技术，设计并制作有一定创意的数字作品。运用常见、简单的信息技术解决实际问题，服务于学习和生活，达到创意物化的阶段目标。因此，创新创造类活动项目应运而生。

创新创造类活动项目，正是针对现实生活中实际存在的问题，进行设计创造的项目化学习。此类活动项目通过头脑风暴、知识拓展、实地考察、独立设计等生动多样的创造实践活动，培养学生打开思路，多维角度进行思考，以及在面对多样观点时，独立思考和决策的能力，最终形成带有创新性的解决方案或产品。

本项目中的评价内容主要聚焦于学生的创新品质和调控能力。

创新品质在这一类项目中主要体现在学生思维的发散性及聚合性，在思考的过程中能够敢于提出自己独到的想法和见解，并进行解释和说明；在探究过程中，通过

---

* 本章作者吴恺伦。

反思和修改不断优化自己的创意、方案。调控能力在这一类项目中主要体现在学能够对自己的项目内容进行详细的介绍和评价,并能够倾听他人的意见和建议;在遇到困难时,能和他人保持有效沟通,合理质疑,反思自己和别人的观点并进行评价。

一、项目描述:"Dream Garden"设计师

(一)为什么要做这个项目

1. 落实国家课程阶段性具体目标

《中小学综合实践活动课程指导纲要》中,小学阶段具体目标包含了创意物化。创意物化具体表现为,通过动手实践,初步掌握设计制作的基本技能;通过将设计物化为产品或模型来体现创造性问题解决。

2. 达成学校育人目标

学校围绕着"遇见世界、预见未来"的办学理念,提出了"以知识学习为导向"和"以能力培养为导向"相结合的课程目标,形成了"4+1"课程模式。为了真正让学生能够"联结世界和未来",学校制定了五大育人目标,其中包含了"学习乐思考"与"实践善创造"两项,其分别强调了学生在学习的过程中学会思考,对所学知识能够灵活运用,以及学生在具身认知与实践体验中手脑结合,发展创新创造的能力。

3. 丰富五年级"技术工程"单元板块

Dream Garden 设计师作为+1课程中的活动类项目,属于"技术工程"主题。本主题的"Central Idea"是针对需求的个性化产生的设计、制作、使用。为了通过一个具有实际意义的活动来实现"Central Idea",教师根据学校实际面临的问题及需求,创设了"Dream Garden 设计师"项目。

(二)"Dream Garden 设计师"项目案例描述

技术工程单元的"Central Idea"是基于"物以致用"的设计思想,并运用设计的基本知识和方法,有目的地进行创意、设计和制作活动,并促使学生将创造性思考的能力和解决问题的能力带入到活动中来。教师结合学校面临的"Dream Garden"翻新的实际需求,并参考《中小学综合实践活动课程指导纲要》,设计请五

年级的学生以康外十周年校庆见证者的身份,为康外设计一个具有特色的"Dream Garden"。这样,"Dream Garden 设计师"的驱动性问题就诞生了:康外校庆十周年即将到来,如何设计一个具有康外特色,受人喜爱的"Dream Garden"呢?

本项目重点考查学生的创新能力以及调控能力,学生在这个项目中需要经历的学习历程是:

1. 自主思考

怎样的花园具有康外特色?这一驱动性问题需要学生进行小组讨论,头脑风暴后得出花园的设计主题与初步想法。

2. 设计调研

通过问题设计,辩论交流等环节,自主完成面向"Dream Garden"的受众群体:全校师生的初步调研,建立初步设计方向。

3. 方案设计

教师提供设计的基础要求,设计图的制作等作为学习支架。学生利用支架中所学知识,结合设计主题构思及调研内容,完成"Dream Garden"的布局分区及设计。

4. 方案完善

进行"设计方案答辩会",通过学生和教师的点评建议,完善方案。最后形成的项目成果是具有特色的"Dream Garden"设计图。

学生需要了解设计的基本要求,能够对空间进行布局。了解"物以致用"的设计思想,思考花园的功能性,实用性,美观程度,结合自己的主题对设计的内容进行思考,了解基础简单的设计方法和模式,尝试运用一些设计的基本知识和方法,对花园的板块进行布局。

学生的创新品质和创造性体现在:通过自主思考确定设计主题,加以多方的考察、决策和筛选,完成花园设计方案。

二、"Dream Garden 设计师"项目评价设计

(一)项目目标与评价目标

结合学校育人目标中的"创新品质和调控能力",教师制定了本项目的评价目

标,评价目标融合进了项目目标中的第(1)、(3)、(4)条。

1. 项目目标

(1) 知道如何创设主题,并能够构思出独特的"Dream Garden"设计主题。

(2) 学习基础的设计类知识,了解设计的基本要求。

(3) 能够完成新颖的花园设计方案。

(4) 能够介绍自己的设计方案、设计想法和设计过程,并能进行反思和改进。

2. 评价目标

(1) 创新品质三:通过讨论与交流,构思出独特的"Dream Garden"主题。

(2) 创新品质五:结合现有知识,完成新颖的"Dream Garden"设计方案。

(3) 调控能力五:能够介绍自己的设计方案,并参与设计方案答辩会,完善设计方案。

(二) 项目全程中的评价节点与任务

图 5-1 "Dream Garden 设计师"项目评价节点与任务

(三) 评价任务设计思路

设计如上图(图 5-1)中所示的评价任务,基于以下考量:

1. 学生在创新创造的过程中,容易发生从众心理,通过在思考过程中的评价,使学生达到独立思考,有效讨论,发散思维,提出不同的设计主题理念,是本次创新创造类项目化学习的目的。

2. 高年级学生在项目化学习的过程中难免会遇到困难和意见上的冲突,通过自评、互评,能够巧妙地化解矛盾,了解自己在交流过程中出现的问题,学会虚心听取别人的意见和建议,择优采纳,最终运用到自己的成果中,有助于学生的成长。

3. 学生在自己创造的同时,通过评价,学会比较和质疑,敢于对别人的想法产生不同的见解,指出问题和不足之处。同时也能虚心接受同伴提出的意见,能够及时进行自我反思,采纳有益的建议,对自己的设计作品进行完善和修改。

三、"Dream Garden 设计师"项目学习型评价任务

《中小学综合实践活动课程指导纲要》中提出,学校和教师要根据综合实践活动课程的目标,并基于学生发展的实际需求,设计活动主题和具体内容,并选择相应的活动方式。对此,在遵循学生自主性、实践性与开放性的前提下,学校利用考察探究、设计制作等方式,为学生构建学习支架,完善评价体系,帮助学生在学习过程中在不断地质疑与提问中进行反思。

(一)学习型评价任务一:构思独特的"Dream Garden"主题

这一任务,需要学生对花园的主题有一个基本的了解,然后选择最感兴趣的一个主题,简要讲述一下为什么要将这一设计主题运用并简述理由。这能帮助学生发散思维,想象各种可以运用到设计中的主题元素。

我们发现,在未引入评价任务以及标准前,学生所产生的问题如下:

学生个人思维局限,构思的主题内容过于单一。学生的想法独特,但运用到"Dream Garden"设计中不合适。绝大部分的小组只是根据自己的想法和喜好在选择主题,没有根据实际情况、场地作用、受众者的喜好进行一定的筛选。

根据学生所产生的问题,教师设计了评价任务及标准。

表5-1 "Dream Garden"主题创意构思评价表

评价维度	评价标准(星值)	自评	互评	总评
想法具有创意,别具一格	独立思考且有创意:★★ 有创意,但参考了别人的想法:★ 没有独立思考:0			

续 表

评价维度	评价标准（星值）	自评	互评	总评
主题设想能够运用到花园设计中	符合设计要求，能够使用：★★ 经过修改调整后可以使用：★ 无法使用：0			
能将独特想法和他人分享，探讨	能够主动和他人分享想法：★★ 能够参与讨论：★ 不愿意分享：0			

引入了评价任务和标准后，学生的思维更加开阔了。

1. 针对问题，教师评价前，可以先给予孩子们一些启发性的问题。例如：大家曾经都去过哪些主题公园？其中哪一个最令你印象深刻？为什么呢？聊一聊你去过的主题乐园中，"主题"的元素都体现在哪里呢？引导学生独立思考，大胆想象。

学生受到启发并独立思考后，产生相当多的独特想法，在海报上呈现出大量的、与众不同的设计主题。

2. 在思考的过程中，结合评价任务，教师引导学生尝试将自己的想法与花园设计联系起来。结合范例展示的内容，教师进行下一步的引导：你想象的主题，适合放在花园内吗？尝试着说说看，对此，组员们开始有方向性地对设计主题进行筛选。

在实施评价的过程中，第一小组在讨论的过程中，他们罗列的设计主题中有"动漫"这一选项，提出该主题的 A 同学，想将花园中的植被按照颜色分类，种植成自己喜欢的动漫角色的形象。但考虑到动漫元素与康外小学的特色关联性不大，且在花园中与在校园中的实用性与功能性有待商榷，因此排除了这一选项。

第二小组通过思考，设计了"电子游戏"的设计主题，想通过多元化的数字游戏的形式，完成花园内植物的培育和养殖，但该小组的成员马上进行了否认，他们认为将大量电子设备接入花园的模式可行性不强，且多数电子设备与花园的融合需要大量的技术支持，且对于大多数的小学生来说操作难度过大，因此被排除。

在此过程中,学生对于"创新"和"创造"如何和实际相结合有了进一步的了解和认知,对于之后的设计方向也能够更加明确。

3. 在引入评价任务后,学生间的探讨和沟通增加了,学生们更愿意将自己的想法和构思进行分享形成有效的讨论。

例如在对"昆虫"的主题设计方案上,第二小组的同学们表示,在自然学科的单元中,学习内容中涉及了大量昆虫。同时,如蜜蜂、蚯蚓、蝴蝶和蚕宝宝等,与花园中的植物通常都是相辅相成的共生关系,可以通过划分一定的区域,养殖对于植物有益的昆虫,融入花园中植物的生长、结果等过程中去,这一主题的选择得到了多数同学的认可,得以保留。

第三小组选择的是 A 同学提出的"宇宙"这一主题,但 A 同学随即对这一主题的思路进行了衍生。他表示,根据资料显示,中国的神舟飞船通常会带上不同种类的植物幼苗随飞船一起进入太空,回到地球后再种植这些幼苗,以此得到"太空植物"。随着人类科技发展的进步,未来在空间站、月球、火星上,是不是也有可能种植植物? A 同学还提出,可以在花园内种植曾经上过太空的植物种类,并加以介绍航天员选择带他们进入太空的原因,因此 A 同学的这一主题选择也得到了小组内许多学生的认可。

在此过程中,学生对于创新创造的认识主要停留在与众不同、新颖奇特上。如何在各色各样的主题中选择出最适用于花园设计的主题,变成为可以实践,能够融入花园中的主题花园设计方案,便是学生在评价过程中需要思考的第二个要素。这一阶段主要评价学生在接收到不同的观点和主题信息后,是否能够聚焦问题的重点,进而对收集到的不同主题信息进行筛选、讨论和交流,最后通过一定的方法进行排除、选择,从而得到最终的解决方案。

(二) 学习型评价任务二:完成新颖的"Dream Garden"设计方案

在任务 1 之后,根据确定的设计主题开始对花园进行初步的设计和创想。教师根据学生初步讨论出的设计主题进行了重新分组,进行"Dream Garden"方案的设计。教师确定了方案设计的评价任务及标准。

表 5-2 "Dream Garden"方案设计评价表

评价维度	评价标准(星值)	自评	师评	总评
能够和同伴一起,通过调研等形式,构思"Dream Garden"的设计内容。	能够和同伴一起进行调研并构思设计:★★ 能够参与调研,并产生设计想法:★ 无法完成调研:0			
独立完成自己的"Dream Garden"设计方案	能够独立绘制美观,新颖设计方案:★★ 能够独立完成设计方案:★ 无法完成自己的设计方案:0			
结合所学知识,对自己的设计方案进行改进	能够优化设计方案:★★ 能够发现问题并修改:★ 不愿意改进:0			

在进行方案设计前,学生遇到了以下难点:

1. 没有掌握设计的基础知识,设计出的花园更像是一幅美术作品而非设计稿。
2. 学生的想法新颖,独到,但作为设计作品,难以落实到现实中。
3. 学生的设计多凭借和参照自己的喜好,缺少对他人想法的了解。

对此,学校提供了以下学习支架和支持:

1. 学校为学生提供了校园内"Dream Garden"的具体平面图,并邀请总务老师及工程师一起,带领学生了解"Dream Garden"的初步结构,例如:水循环系统、支架及地面结构、管道铺设等,以此作为学习支架。在帮助学生建立空间概念的同时,也帮助同学了解"Dream Garden"初步构造,为后续"Dream Garden"的内容设计进行铺垫。

图 5-2 "Dream Garden"实景图

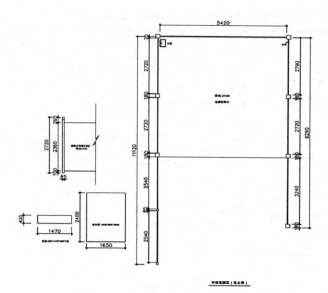

图 5-3 "Dream Garden"平面图

根据创新评价的要求,要求学生能够能根据一定的目的,将多种思路和各种信息进行梳理、分析、聚焦,提出有效的解决方案。想要学生对现有的信息进行梳理,就需要我们先让学生了解如何对设计时用到的碎片化知识有一定的了解。

在设计初期,学校给予了学生许多花园设计参考案例。学生在观摩了这些案例后,萌生出了许多想法。

但想要将自己的想法落实成"Dream Garden"的设计图和方案,不能仅仅只有创新新颖的想法,只有在具有一定的知识储备的基础上进行构思,才能将"创新"的想法变为"创造"的内容。

大部分学生第一反应是,将自己的设计主题融入自己的花园设计中,比如,海洋植物主题的小组想打造一个水生态系统;草原风貌的小组,则想要用大草坪来代替学校花园现在所使用的防腐木质地板;音乐畅想小组,则想在设计中加入音乐元素,打造乐器造型的植物。

但是,这些方案和做法在学校内是否可行呢?这就需要学生结合实际进行思考和设计了。

 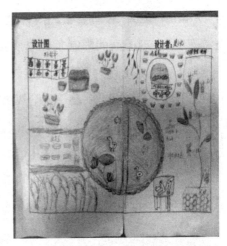

图 5-4 "Dream Garden"设计图 1　　图 5-5 "Dream Garden"设计图 2

2. 在学生进行独立考察的同时并提出以下观测任务：

（1）"Dream Garden"中的水源区域在哪里？这些水源区域能够做到水源循环吗？

（2）哪些区域能够经常接触到阳光？

（3）结合现有的平面设计图，观察学校"Dream Garden"的长度、宽度和层高，大概可以放下怎样尺寸的物体？

（4）根据平面设计图的标注，"Dream Garden"中哪些物体是无法更换、移动或拆除的？

结合观测结果，教师组织小组对于以下问题进行思考和辩论：

1. "Dream Garden"地面是否能够支持土培？
2. "Dream Garden"的结构如何进行调整？
3. "Dream Garden"内构建水循环系统是否可行？
4. "Dream Garden"的光照条件如何？

在此过程中，学生们结合自己的初步设计方案，在教师的组织下进行小组间的小型辩论。有学生提出的"小桥流水方案"，在经过讨论和筛选后，由于"水资源浪费"以及"无法做到循环要求"被小组投票划去；另一小组提出的"草坪方案"，也因为防腐木地板上无法进行大面积土培的原因被小组内大部分的学生认为不适合作为"Dream Garden"设计方案的内容之一。而"种树计划"和"秋千娱乐",在进行实地考察后,出于层高的限制条件以及安全性的考虑,提出这两个方案的两名学生各自都认为自己的设计想法无法实施。

不断地听取他人意见,并进行头脑风暴,最终每个小组都对自己设计方案的"实际性","可操作性"有了初步的推断。

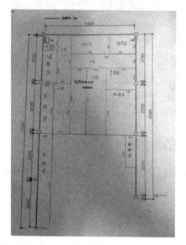 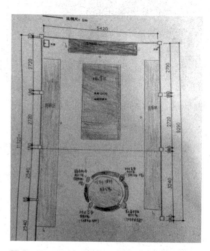

图5-6 "Dream Garden"平面分区稿1　　图5-7 "Dream Garden"平面分区稿2

结合实际考察,加以设计的引导,许多学生在设计的过程中都能够将问题想得更加全面了,随后需要确定的是,"Dream Garden"如何体现出学校的特色?

A同学在进行设计分区时,认为"Dream Garden"中不仅需要体现出美观,更加需要呈现学校的育人目标:COMBO,因此她将自己认为"Dream Garden"中不同的区域,用不同的字母形状表示。B同学认为,"Dream Garden"不仅需要观赏,更需要孩子们在亲手的劳作中收获快乐,体现出学校对于学生"实践善创造"的培养目标,因此B同学在设计图中标注了农作物区,并解释道,由于农作物生长,需要更多的光合作用,才能使得果实数量更多,质量更好,因此B同学将农作物的区域划分在了"Dream Garden"中能够更多照射到阳光的左侧区域。

学生们通过这一学习、考察、设计的过程,不仅对于"Dream Garden"的设计有了更深入的了解,不再停留在设计的表层以及好看、好玩的简单要求。不断结合创新创造的特点,除了新颖有趣,能够进行更符合现实情况的布局。

3. 为了更加凸显"Dream Garden"的学校特色,增强实用性,我们通过任务单(见图5-8),通过小组调研、讨论等形式促进沟通打开思路。

图5-8 "Dream Garden"设计任务单

在调研的过程中,有一个小组的学生发现,虽然自己在设计时提出的问题相同,但不同年级的小朋友给出的答案都不尽相同,且都包含了两面性:低年级的学生针对"Dream Garden"中想要放置的内容,提出的意见天马行空,有些实践起来难度很大,但有些稍作调整后却可以成为别具想象力的内容,乌龟形状的椅子,地球形状的花,飞船外形的花盆……高年级的学生的想法相对成熟但包含有"网红"

"热门"等因素的内容,不适合在"Dream Garden"中出现,但部分正能量、积极向上的内容,是可以结合学校要求,呈现在"Dream Garden"中的。

面对各种类型、各种观点的信息,孩子们在收集完成之后,势必会纠结,犹豫不决。这时,需要学生在听取他人观点的同时,能够自己分辨,什么内容和信息是可以使用的,又有哪些信息和建议是需要删除的。而在主题选择和设计图布局时所接触到的限制性条件和所学到的知识,如:无法进行大面积土培;柱子起到顶棚承重作用,无法移动;无法放置需要水循环系统的景观设计等,恰好可以成为在筛选过程中学生的参考依据和学习支架。

根据其他学生的建议,经过初步的筛选后,学生对自己所选择的功能区都有了初步的决策,如育苗、农作、储物区,被认定为必须要具备的区域。而为了充分利用"Dream Garden"的空间,花架放置区域和盆栽区一起被纳入了讨论的范围之内。

初步的区域概念已经形成,设计想法也正在萌芽,此时有一个问题摆在了学生的面前:设计的主题已经确定,"Dream Garden"的布局也已经初步形成,但是,如何将新颖的主题融入自己的"Dream Garden"中去呢?"太空花园"主题的同学认为,直接把太空、飞船、星球的元素融入"Dream Garden"中,总觉得十分突兀;设计昆虫主题的小朋友也提问道:想要把昆虫主题融入"Dream Garden"中,也不能把所有的昆虫都抓来吧;书香园地主题的小组,也觉得把书搬入"Dream Garden"中,总觉得有那么些奇怪。

对于这些疑问,我们也通过 PPT,优秀的主题公园设计呈现给孩子们。观摩了海昌海洋公园利用各种装饰和 LED 灯设计的"海洋隧道"设计后,孩子们惊叹于,原来在陆地上也可以铺设一条海底主题的隧道。看过自然博物馆中的昆虫雨林后,小朋友们也发现,原来"热带雨林"也可以存在于室内。经过一系列的观察、探讨和研究后,孩子们发现,原来主题的内容,可以自然而然地嵌入自己的设计中,成为"Dream Garden"设计中的一部分。

通过参考设计案例,孩子们发现主题中的元素,不单单可以起到装饰的作用,更可以融入自己的设计内容中,成为一些实用、好玩的功能区。"太空花园"的设计者提出了"育苗飞船"的概念,将"船舱"作为放置幼苗的育苗器,而对侧的飞船太阳能板可以连通太阳发电,为阴雨天气幼苗的照明提供能量;昆虫主题的设计者则提出了,可以采用种植区域+昆虫标本的组合模式,在种植不同植物的花架、花盆上放置对该植被有益/有害的昆虫模型或标本,并附上相应的文字介绍。

图 5-9　花园功能介绍 1

图 5-10　花园功能介绍 2

相较于直接给学生提供不同花园的参考图片,仅展示现有部分区域的功能性更有利于孩子进行独立的思考和想象。因此我们在支架中仅讲解了不同功能区在花园中所起到的作用,并提供了简单的图片介绍。在明确了不同区域的功能性之后,结合学生自己的理解和不同的见解,结合表现性任务单中的引导,每个学生都对自己的"Dream Garden"内所必需包含的区域进行了筛选,随后在任务单中表达出自己对于这一区域大致的设计想法和理念。学生们在设计的过程中,也不再会认为"创新"和"实用"是背道而驰的,相反,学生的创新提升了花园的实用性。

图 5-11　"Dream Garden"设计及评价

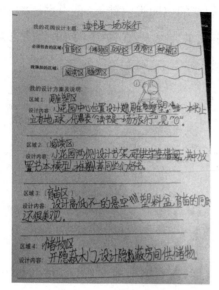 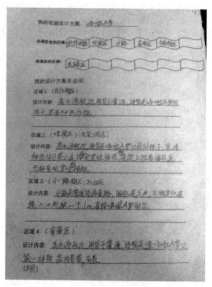

图 5-12 "Dream Garden"设计方案 1　　图 5-13 "Dream Garden"设计方案 2

通过学生对于不同区域和板块设计内容的初步描述，不难看出，学生结合自己确立的主题，对于设计已经有了初步的想法以及构思。但初步的设想，势必会存在不足和需要改进的地方。因此，在小组内，每个学生都需要将自己的设计想法进行分享和讨论。同时其他学生在认真倾听该位同学的设计想法和思路后，尝试客观指出其优点和缺点，并提出相应的建议。

在听取小组内其他同学的想法和建议后，学生进行筛选和考量，综合自己的设计理念，对花园内的必要区域进行修改或优化。在此环节，学生结合接受到的全新知识，确保了设计部分的创新和实用。

结合自己的设计描述，学生根据自己的实地考察情况，结合"Dream Garden"的布局和自己的设计主题，对花园内的主要部分进行了图稿设计。

至此，花园的主题及布局设计初步完成，但每个孩子都认为自己的作品是最符合标准的。那如何得到班级同学的认可，并最终选择出班内最受欢迎的设计方案呢？

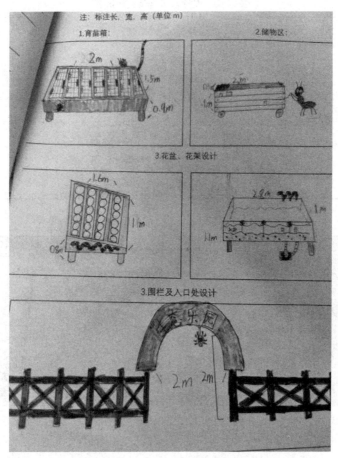

图 5-14 "Dream Garden"设计图稿

(三) 学习型评价任务三：设计方案答辩会

设计方案制完成后，学生根据设计内容和类型分小组，为最后的出项任务——设计方案答辩会展做好了充分的准备。设计方案答辩采用"小组介绍"的形式。8个小组分别上台，介绍自己的设计思路和设计理念，观众们随时可以进行提问。介绍完成后，在场观众可以根据设计内容进行质疑或建议。

敢于质疑、反思自己和他人的观点、做法或思维过程，找出其中的优缺点，并作出客观的评价，以此为依据，对于学生的第三份评价应运而生。

表5-3 设计方案答辩会评价表

评价维度	评价标准（星值）	自评	互评	总评
能够对他人作品进行评价并提出对应意见	能够对他人作品有依据地提出评价：★★ 能够对他人作品提出建议：★ 无法参与活动：0			
能够听取他人建议，参考其他同学的做法，完善自己的作品	能够根据他人的意见修改自己的作品：★★ 能够有筛选地听取意见：★ 不采纳他人意见：0			

图5-15 学生介绍作品1

图5-16 学生介绍作品2

在展示的过程中，学生不仅仅需要对自己的设计方案进行描述，更需要接受来自场下同学们的"质疑"。

有了评价标准作为依据，学生在答辩会中不仅仅要将自己的设计方案，设计内容和设计主题做清晰的表达，更要接受来自场下学生们的不同意见，质疑以及有关的提问，这不仅需要考察答辩的学生是否对自己的设计方案准备充分，能否应对来自场下学生的质疑，能否反思自己和他人的观点，更关注到了对于场下学生是否能够认真倾听并能够作出客观的评价。

在第一次答辩中，学生提问不仅是围绕着"外形""美观"等更涉及到对"实用性""利用率"等方面。比如B同学就A同学的设计就提出了质疑：你的设计方案主题是昆虫，但在你的设计方案中，仅提到了育苗箱上摆放瓢虫进行装饰这些瓢虫放在育苗箱上是否实用？对此，A 同学对此质疑做出了回应：我认为 B 同学提出的质疑很有道理，如果单纯地把瓢虫装饰放在育苗箱上，确实占用了很大一部分的空间。考虑到育苗箱需要的光照条件要求比较严苛需要专门放置于育苗箱上的光照灯来增强光照，光照灯的圆形灯罩可以根据瓢虫的外形进行相应的修改和设计，这样既可以达到切合主题，美化设计的要求，又增加了这一设计的实用性。A 同学的这一回答，也得到了 B 同学的认可。

第一次答辩后，教师通过引导，介绍我们学校对于康宝们培养要求，以及"Dream Garden"的主要使用人群（"Dream Garden"社团的老师同学自然课、主题式课程的学习），让学生们对于设计的要求有了更进一步的思考。

因此，在第二次答辩中，学生在交流和探讨的过程中产生了更多有建设性的想法。比如有的学生对 C 同学的哆啦 A 梦设计主题提出了意见和建议中，就以空间利用和主题融合进行了结合。虽然 C 同学的花园设计布局分布很有创意，但主题体现得不明显。花园中哆啦 A 梦的设计主题呈现有些过于单一，更多处只是通过增加了哆啦 A 梦的卡通图片，并没有将设计的主题很好地融入花园中去，建议可以在花架设计中采用哆啦 A 梦的造型进行设计，这样既可以增加元素，呼应主题，又可以增加植物放置的空间，一举两得。

诸如此类的小建议，小设计，让上台介绍的学生们都颇有启发。在进行完设计答辩后，我们给每位设计师一些时间对自己的设计作品进行进一步的完善。

在整场答辩会结束后，孩子们的思维进一步迭代，对于"设计"的理解也不仅仅停留于表面，而是朝着更加深层次的理解和内容进发，此次的活动，在很大程度上促进了学生对于创新创造能力的提升，落实了项目目标和评价目标。

参考文献

---

[1] 柳夕浪.正确把握"四个关系"，着力推动课程形态变革——《中小学综合实践活动课程指导纲要》解读[J].课程·教材·教法,2018,38(11):67-71,97.

[2] 教育部主编.中小学综合实践活动课程指导纲要[M].北京:北京师范大学出版社,2017.

第六章　语文学科项目的评价[*]

语文学科项目是指在真实或模拟的语境中，精心设计学习任务，依托相关课程资源，通过综合、开放、自主的语文实践活动，习得语文关键能力，获得语文学习成果，建构语文学习经验，形成语文核心素养和人文价值观念的学习模式。语文学科项目有多种样态，既可以是打破原有教材安排，以项目组织实施课程内容，在项目中建构知识、迁移运用，也可以是在原有教学的基础上，再以项目引导学生在情境中迁移运用所学知识。

语文学科项目评价不仅是对学生学习的评价，还是教师、学生共同建构意义的学习过程。它是指向素养的全面评价。以语文核心素养作为主要依据，设计评价工具，恰当运用评价手段，不仅依据项目成果进行评价，也关注学习过程中的思维、审美、语言运用，以及搜集处理信息、人际交往、组织策划等能力的表现。它是覆盖学习全程的过程性评价。不但要评价学习成果，也要评价产生成果的过程。学习成果是评价项目化学习成效的重要指向，一般是综合的学习任务，如演讲、研究报告等，评价学习成果应与学习项目、驱动性问题的设计保持一致。学习过程评价是在项目实施的关键节点，设计必需而核心的任务，并对此进行评价，主要评价学生在学习过程中表现出来的学习态度、参与程度和核心素养的发展水平。它是基于证据的评价，评价不是跟着感觉走，而是有具体的表现评价指标，有很强的实践指导作用。它是多主体的评价，同一个指标，不仅有自评，还有同伴评价、教师评价等，形成一个多元的学习支持团队。

---

[*] 本章作者邱晓婵。

一、项目描述：中国历史名人展

（一）为什么要做这个项目

1. 发展学生核心素养的需要

《义务教育语文课程标准(2022年版)》提出，义务教育语文课程培养以促进学生核心素养发展为目的。立足学生核心素养发展的课程理念，要求我们强化课程实施的情境性和实践性，以语言运用为基础，同时发展学生的思维能力、审美创造、文化自信。

"中国历史名人展"这一项目完成的过程，首先是学生语言运用能力和思维发展的过程。在名人展这一复杂真实的任务中，学生有大量的语言实践任务，学生得根据具体情况，对故事等内容加以重组、拓展，组织语言叙述出来。对历史名人故事的选择，故事真假的判断，培养了学生的求知精神；推介形式的选择，又发展了学生探索创新的品质；在对历史名人的评价中，还能发展学生的辩证思维。其次是文化积淀与发展、审美创造的过程。学生要完成相应的任务，需阅读一些历史名人故事，在阅读中，能感受人物身上的美好品质，继承和弘扬中华优秀传统文化，能感受、理解、欣赏评价语言文字及作品，获得较为丰富的审美经验。由此可见，在完成项目任务的过程中，学生的文化自信、语言运用、思维能力、审美创造均得到了发展。

2. 丰富自我表达板块的需要

自学校成立伊始，就创造出了"4+1"课程。即以每周4天分科学习模式和1天跨学科学习模式为框架。1天的跨学科学习模式有六大主题：自我认识、自我表达、自我组织、身边科学、地球空间、技术工程。在10年的实践探索中，不仅在"1"上形成了系统连贯的课程设计，同时，也在"4"分学科学习中开展项目学习，尝试融合"1"和"4"，将"1"的优势引入"4"的学习中。

"中国历史名人展"这一语文学科项目，在范畴上属于"1"中"自我表达"模块。这一模块旨在运用各种可能的手段和途径向外界展现并表述自己，从而达成与他人的联结和相互理解。只要向他人传递自己的信息，并在一定程度上取得共识，表达的形式可以多种多样，表达者的态度可以因人而异，表达的手段可以上天入地。

而"中国历史名人展"，要求学生运用各种形式，推介一位中国历史名人。推介的前提要选择一位自己感兴趣的名人，确定要介绍这个人物的哪个特点？选择哪个典型事迹？还要根据特点、事例选择合适的形式，向他人讲述名人故事。无论是人物、特点、事迹的选择还是形式的选择，都是在传递自己对这一人物的理解，努力取得别人的共识。

（二）"中国历史名人展"项目的案例描述

"中国历史名人展"是基于小学语文第七册第八单元设计的语文学科项目。本单元的文本都是历史人物故事，通过一个故事来表现人物身上的美好品质。本单元阅读要素是"了解故事情节，简要复述课文"。简要复述课文是按照课文的叙述顺序，用概括性的语言进行叙述，要讲得简明扼要。究竟"简要"到什么程度，需要学生围绕这些故事要表现的人物品质，去判断哪些内容很重要，哪些内容不太重要，从而根据复述的时间、场合、对象，决定哪些内容一定要讲，哪些内容可以不讲。由此，我们确定了这个单元的关键概念是"人物形象与情节"，本质问题是"如何根据人物形象，把握故事情节，简要复述叙事性故事？"，并基于创设的"办一届中国历史名人展"这一情境，确定了驱动性问题"在中国历史名人展中，你会选择什么内容、什么形式来推介你最感兴趣的一位中国历史名人，让别人感受到他鲜明的形象？"，引导学生能根据不同场合、不同对象，进行简要复述。

在这一项目中，我们主要要落实学生简要复述的能力，以及要达成复述的前备能力，如对故事主次的把握、脉络的梳理、内容的概括、字词的理解等。

基于学生知识学习的逻辑和展示的逻辑，将"中国历史名人展"项目的实施过程分解如下：

确定完成任务存在的问题：驱动性问题是学生根据完成任务所存在的困难提出的。在接到举办中国历史名人展的任务，明确展览的目的是"让康宝学习名人精神，传承中华优秀传统文化"后，经过讨论，学生将任务分解成几个子任务：(1)阅读历史名人的故事，从中确定一位自己感兴趣的名人以及要讲述的故事；(2)商讨确定在名人展中呈现的内容和形式;(3)在名人展上推介名人。接着提出了完成这一任务的困难,主要集中在内容和形式的选择上。驱动性问题就顺理成章地提出了。

学习解决问题的方法:学生聚焦提出的问题,从内容和形式两个方面展开学习。内容方面,以单元三篇课文为材料,在复述三篇课文的过程中,学习如何简要复述,逐步建立起人物形象与情节的联系。形式方面,以教师提供的展览资源为材料,结合自己的观展经验,梳理展览的必备要素,分析内容和形式的关联,初步形成"形式要为内容服务"的意识。

设计方案并根据方案展出:在个人收集、确定推介名人的基础上,成立小组,围绕选择的名人设计展出方案。具体需要确定推介这位名人的哪个品质、哪些事件,推介时要如何复述,展台展板如何布置,任务如何分工等。并根据方案进行准备,最终在名人展中进行展出。在这个过程中,学生就得调用之前的学习经验,用一定的思考方式,迁移运用方法,去解决实际问题,深化了对关键概念的理解。

二、"中国历史名人展"的评价设计

(一) 项目目标与评价目标

1. 项目目标

基于本单元人文主题、语文要素和具体学情,结合语文课程标准、学校育人目标制定了如下项目目标:

表6-1 "中国历史名人展"项目目标表

		"中国历史名人展"项目目标
学科素养目标	1	在语境中读准生字和多音字的字音;
	2	积累指定的字词、语段;
	3	解释词语在语境中的意思,借助注释理解文言文的内容;
	4	利用文本信息解释相关问题;
	5	借助提示梳理文章或方案的内容,根据表达意图,结合对象和场合等,简要复述文章或方案;

学习素养目标	6	能结合人物具体言行，对人物做出评价；
	7	能使用恰当有效的方式，讲述自己最喜欢的历史人物故事；
	8	探究能力3、6：能设计合理、有创意的方案，并根据修改意见修改方案，形成一份更完善的方案。

2. 评价目标

《义务教育语文课程标准（2022年版）》提出，"评价要抓住关键，突出重点"。根据单元语文要素，我们确定了本项目评价的重点应是学生的简要复述能力。同时，本单元都是写人叙事类的文章，通过一件事来表现人物特点。四年级学生读懂这一类文本的表征之一就是能够基于事件，提炼出人物的特点，对人物做出评价。因此评价时，有必要检测学生这方面的能力。除此之外，本项目出项的形式是展览，展的设计尤为重要，也应作为评价关注点。由此，我们确定了本项目的评价目标，具体如下：

表6-2 "中国历史名人展"项目评价目标表

学科素养目标	1. 借助提示梳理文章或方案的内容，根据表达意图，结合对象和场合等，简要复述文章或方案； 2. 能结合人物具体言行，对人物做出评价； 3. 能使用恰当有效的方式，讲述自己最喜欢的历史人物故事；
学习素养目标	4. 探究能力3、6：能设计合理、有创意的方案，并根据意见修改方案，形成一份更完善的方案。

其中目标1、2、3是学科素养方面的评价目标，目标4指向的对学生在项目实践中表现出来的学习素养方面的评价。

（二）项目全程中的评价节点与任务

基于评价目标和本项目展开推进的过程，我们确定了项目实施过程中评价的关键节点，设计了有针对性的表现性任务，在任务的完成中，观察学生是否达成目标。具体如下：

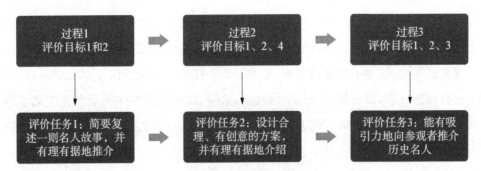

图6-1 中国历史名人展项目评价节点与任务

(三) 评价任务设计思路

本项目主要有三个评价任务,设计这样三个的任务主要有以下考虑。

首先,以评促练,引导学生在实践中迁移运用方法。学科项目化学习关注培养学生在复杂多变的日常生活场景中,掌握高迁移性的内容。语文学科项目化应帮助学生由具体文本抽象出运用规律,再由抽象规律回归具体文本或生活场景。在知识构建阶段,学生从三篇课文学习中,总结出了简要复述和概括人物特点的策略,于是,我们在名人展这一情境中,设计了如下三个不同情境、螺旋上升的评价任务,引导学生进行阅读策略的迁移运用。

表6-3 "中国历史名人展"评价任务分析表

	评价任务1:简要复述一则名人故事,并有理有据地推介	评价任务2:设计合理、有创意的方案,并有理有据地介绍	评价任务3:能有吸引力地向参观者推介历史名人
文本	叙事类文本	实用性文本	叙事类文本
对象	全班学生	全班学生	全校学生
合作	独立完成	小组合作	小组合作
评价关注点	1. 是否初步掌握了简要复述的方法; 2. 是否能综合"人物遇到的情况、人物的行为、行为背后的意图"等,对人物做出评价。	1. 设计方案时,能否根据人物特点选择典型事例、合适的展出形式; 2. 能否从事例选择、展台布置、介绍形式等方面,发挥创意,设计方案; 3. 能否介绍清楚小组方案的亮点及背后的意图。	1. 能否结合对象和场合,选择合适的复述方法,使用恰当有效的方式复述故事; 2. 能否根据参观者的需求,选择合适的角度推介自己最喜欢的历史人物故事。

我们在每个评价节点时,围绕同一目标,评价的关注点不是一成不变的,而是由浅入深,呈螺旋上升。评价任务情境的复杂程度,也随之上升。以简要复述这一评价目标为例,在不同评价节点,要求是不一样的。学生经历了单元学习,已经能在教师指导下,简要复述教材中的故事,这时,我们需要关注的是学生脱离了教师的指导,是否初步了解了简要复述的步骤和方法,即能否结合人物特点,按照故事的叙述顺序,用概括性的语言,在规定时间内简要复述故事。因此,设计了第一个任务,简要复述课外阅读中的一则中国历史名人故事,在这一任务中,我们给定的限定条件是一样的,面对的都是全班学生,限时都是2分钟。到项目快结束时,学生经历了前面的学习实践,复述能力有所提升,这时,我们更为关注学生在面对不同情况时,复述方法的灵活运用。因此,在出项环节,设计了第三个任务,能有吸引力地向参观者推介历史名人,在这一任务中,学生面对的是不同年龄的观众,对人物、故事的了解程度也各不相同,情境最为错综复杂。

评价关注点的螺旋上升还体现在类型多样的复述文本。叙事类文本复述,是本单元需要重点落实的,而实用性文本复述,是学生生活中常用的技能。因此,任务1和任务3,我们聚焦的是叙事类文本的复述,任务2,我们设计了第二个评价任务,设计并介绍小组推介方案。这两类文本在复述时,既有相同点,又有不同点。两者都需要理清顺序,都需要突出重点,做到详略得当。不同之处在于,前者的顺序是事情发展的顺序,后者的顺序是不同方面的内容;前者要围绕人物特点或文章中心,抓住重要情节,后者要围绕方案的亮点,突出最合理、有创意的部分。两者的相同点,给学生提供了巩固迁移运用策略的机会,不同之处,即不同的变式,给学生提供了比较分析辨析总结的机会。学生在完成这三个任务的过程中,能表现出其素养的发展水平。

其次,以练促读,引导学生在阅读中获得人文的滋养。本单元的人文主题是"历史名人"。选文均与历史人物故事相关,王戎、西门豹、扁鹊、纪昌,他们身上都闪烁着美好品质的光芒。学生完成简要复述、讲述名人故事的任务,就需要阅读一定量的历史名人故事。在这一过程中,学生能从历史名人的故事中获得启示,感受人物身上的美好品质,得到人文的滋养。

三、"中国历史名人展"项目学习型评价任务

《义务教育语文课程标准(2022年版)》指出,评价应有助于教与学的及时改进,教师要有意识地利用评价过程和结果发现学生语文学习的特点与问题,提出有针对性的指导意见,促进学生反思学习过程、改进学习方法。因此,在本项目评价任务的实施过程中,教师依据评价结果及时反思问题和不足,改进任务设计,完善实施过程。如提供必要的学习资源、设计适切的学习支架、进行适时的问题交流等。

(一) 学习型评价任务 1:简要复述一则名人故事并有理有据地推介

在学习本单元三篇课文的过程中,教师布置了一个课后阅读任务,每天阅读1—2个课外的历史名人故事,其中有教师推荐的,也有学生自选的。在此基础上,学生选择自己最感兴趣的一个人物,简要复述他的故事,并讲述选择这个人物的理由。在此项任务中,包含如下两个评价点:

1. 借助提示梳理文章的内容,根据表达意图,结合对象和场合等,进行简要复述;

2. 能结合人物具体言行,对人物做出评价。在这个任务中,具体指能结合故事内容,综合分析"情况、人物行为、背后意图"等,对人物发表自己的看法。

在第1个评价点上,第一个实验班的学生,在简要复述故事时,出现了各种状况。有的学生仍旧用详细复述的方式复述故事,讲述时,人物做的每件事情,事情的起因、经过、结果,人物的每个言行,都详详细细、原原本本地讲述出来,眉毛胡子一把抓,甚至有学生是将文章背了下来。有的学生用概括故事大意来代替简要复述,根据故事的起因、经过、结果,概括了这个故事的主要内容,有的甚至写在文章旁边,背诵出来,当成自己的复述,将一个口头的展示,变成了一个书面的作业。还有的学生有简要的意识,但是在简的过程中,经常是简了西瓜,详了芝麻,比如简了故事的高潮,详了故事的起因、结果,简了主要人物的关键语句,详了次要人物的言行。由此可见,大部分学生对简要复述还停留在"知"的层面,脱离了教师

的指导,寸步难"行"。

教师根据这一情况进行了研讨,聚焦这一评价任务本身存在的问题。研讨中,教师一致认为主要问题就在于我们的评价任务仅有评价标准,没有学习支架。学生在自主阅读的过程中,遇到障碍时,就无法得到及时的指导和帮助。于是教师就设计了此项任务的学习支架(表6-4)。

表6-4 "中国历史名人展"复述历史名人故事评价表

讲中国历史名人故事			
人物	朝代	身份	精神品质
文章名称	故事来源(书籍,记录书名、出版社、作者;网络,记录网址)		
主要事件			
故事提纲	起因: 经过: 结果:		
感动瞬间			
借助提纲简要复述故事	评价标准		自评
	1. 复述前,能列好故事提纲。		☆☆☆
	2. 能借助提纲简要复述故事。		☆☆☆
	3. 讲故事时,自然大方,使用恰当的语气和肢体语言。		☆☆☆

学习支架中的"主要事件"板块能帮助学生思考，这个故事中，人物所做的几件事，他们之间有什么联系，哪件是最能表现人物品质的，从而为简要复述时，对几件事的详略做出安排做铺垫。"故事提纲"板块能帮助学生把握这件主要事件的内容，理清脉络，了解故事情节。感动瞬间，要求学生把这个主要事件中，最能表现人物品质的言行记录下来，引导学生关注最能表现人物品质的言行。这个支架的提供，对应了简要复述的策略，帮助学生回复了步骤、方法，指导学生按这样的方法去进行简要复述。

在第二个班级进行实践时，我们布置任务时，一并将学习支架提供给了学生。除此之外，还安排了一课时，让学生在小组内进行了提纲的交流、修改，同时，教师对学生存在的共性问题进行了指导：在理清故事情节的同时，如何去辨析人物的言行，哪些是关键的，是特别能表现人物品质的，列到提纲里，以提醒自己，简要复述时，哪些内容能简，哪些内容不能简。以此帮助学生建立起中心和材料、语言之间的联系。

第二个实验班学生的表现，与第一个实验班相比，有了非常大的改善。准备阶段，大部分学生都有了简要的意识，讨论时，学生会围绕"人物的这个行为能否表现他的品质"展开交流，就此进行辨析，做出取舍。全班展示阶段，在理清提纲的基础上，绝大部分学生都能借助提纲，简要复述故事。部分学生把提纲做成了提示卡，进行讲述，部分学生是完全脱稿，进行讲述。讲述时，有的学生在讲到人物的关键言行时，还会用上一些肢体语言，调整说话的语气，以表现人物的品质。

在第2个评价点上，第一个实验班的学生，在向全班推介这位名人进入中国历史展的交流中，推介理由极其薄弱。很多学生只简要复述了这个人物的故事，没有介绍他要推介这位名人进入中国历史名人展的原因；部分学生的理由极为简单，只讲述了从这个人物身上感受到了什么品质；有些学生将品质和故事勾连起来进行分析，但表述的逻辑性存在问题。由此可见，学生基于证据的表达是很欠缺的，还不能有条理、有证据地评价一个人物。

如何改善这种状况呢？教师们一致认为，现状背后的根本问题有两点：首先是不知道带着哪些问题思考，可以体会人物品质；其次是不知道怎样把这些信息综合起来，连贯地表达。因此，同样可以提供学习支架，以问题提示的方式来引导学生思考。于是,学习支架初步形成(表6-5)。这一学习支架,根据体会人物品质的阅读策略来进行设计,提示了必要的思考方向,引导学生形成对文本内容进行思考的"问题链",指引思考路径。

表6-5 "中国历史名人展"推介历史名人故事评价表初稿

	我的推介理由		
默读思考	主人公遇到了什么情况?		
	面对这个情况,主人公是怎么做、怎么说的?		
	主人公为什么会这样做、这样说?		
	你感受到主人公的什么品质?		
陈述理由	评价标准		自评
	能结合故事内容,综合分析"情况、人物行为、背后意图"等,发表对人物的看法。		☆☆☆

人教版《语文》三年级上册第八单元"美好的品质"就提出了"学习带着问题默读,理解课文的意思"这一语文要素,学生在这一单元的学习中,已经了解带着哪些问题去读文章,能体会到人物品质。在之后的学习中,由于接触的写人类文章有限,且不连续,因此学生对这一策略的运用又变得较为陌生了。因此,在四年级"中国历史名人展"项目的这一任务中,学生需要的是旧知的唤醒,经验的联系,而不是教师直接提供思考问题。依据这一学情,我们调整了学习支架。具体如下(表6-6)。

表6-6 "中国历史名人展"推介历史名人故事评价表二稿

	我的推介理由		
默读文章时,我思考了这些问题	1.		
	2.		
	3.		
	4.		
陈述理由	评价标准		自评
	能结合故事内容,综合分析"情况、人物行为、背后意图"等,发表对人物的看法。		☆☆☆

这一支架,将"默读思考"修改为"默读文章时,我思考了这些问题",后面要求学生写出四个问题。"默读文章时,我思考了这些问题",这一表述,与三上第八单元课堂上的问题回顾、预习作业都是一致的,学生一看到这一提示,就能回忆起这个单元体会人物品质时思考的几个问题,再结合自己阅读的文本,进行适当调整。这样的过程,是强化阅读策略的过程。

在这一学习支架的帮助下,第二个实验班学生的表现,与第一个实验班相比,有了非常大的改善。学生对人物的评价不再是空洞的,大部分学生是言之有物的,能将这几个问题结合起来,进行陈述,人物品质和行为之间有了联系。比如,有人在讲述完《晏子使楚》的故事后,对晏子是这样评价的:"晏子出使楚国时,面对楚王的贬损与侮辱,晏子并没有表现出常人的激愤,而是站在国家的利益上,用外交辞令回击楚王伤及齐国的侮辱,维护了齐国的形象与尊严。……我感受到晏子爱国,机智勇敢,善于辞令,灵活善辩的外交才能与不惧大国、不畏强暴的斗争精神。"这样的推荐理由,让其他学生对人物有了更深入的了解。

(二) 学习型评价任务 2:设计合理、有创意的方案并有理有据地介绍

在任务 1 之后,我们按照历史名人的选择进行了分组,选择同一位历史名人的学生,自然形成一个小组。全年级共有 32 个小组,推介 32 位名人,涉及各个朝代、各种身份,有科学家,如东汉的张衡,南北朝时期的祖冲之等,有政治家,如三国时期的曹操、诸葛亮等。小组形成后,组员们就要商讨人物事迹的选择、推介的形式等问题,形成小组推介方案,并在班级内介绍自己的方案。

在此项任务中,评价关注点是:

1. 能设计合理的推介方案。"合理"指选择的典型事例、展板展台的布置、介绍的形式等能表现人物特点。

2. 能设计有创意的推介方案。"有创意"具体指选择的典型事例有新意,展板展台的布置较新颖,介绍的形式有独特性。

3. 能借助提示梳理方案的内容,根据表达意图,结合对象和场合等,向同伴介绍小组的设计方案。这里指即既能介绍清楚方案本身,也能阐释清楚方案设计背后的意图。

在评价关注点1上，我们发现了不少问题。首先是事例的选择。虽然是选择相同名人的学生成为了一组，但有些小组的学生要介绍的人物品质、事迹是不一样的。此时，学生就需要确定要介绍的人物品质和事迹。教师在巡视中发现了这样两种情况：人物特点一致、事件不同的小组，在确定人物事迹时，并没有围绕"特点"去选择最能表现人物特点的那件事，而是选择最耳熟能详的那件；而人物特点不一致的小组，则因为观点不一致，要不各执己见，难以统一，要不服从强者的意见。前一种情况出现的原因，是学生不知道讨论的要求，没有"特点与事件"这一意识；后一种情况的原因，是学生对人物故事的阅读内容比较单一，因此对人物的认识就比较单一了。

对于前者，教师发现这一问题后，马上选取了小组呈现的典型案例进行辨析。有个小组选择的人物是项羽，特点是"智慧"，候选事迹有"巨鹿之战、乌江自刎"等。他们一开始选的事迹是乌江自刎。选取了这一案例后，教师先让全班读了这几个故事，对内容有所了解。又请这个小组来说说，乌江自刎是如何表现项羽的智慧的？这组的学生要去围绕品质举证时，发现不能自圆其说，就意识到其中的问题，事件不能很好地表现人物品质，应该选择其他事件。这时，再请学生来总结，如何选择事例，学生自然就明确了，应该围绕人物特点来选择事例。在此基础上，每个小组再去讨论事例的选择，学生的讨论就有了方向。

对于后者，我们一致认为，这不是作为面向全体学生的要求，但是当个别小组出现这样的问题，有这样的需求时，教师就不能忽视，而是要提供一些指导。大部分学生阅读的内容基本是以单篇故事文章为主，单篇文章基本是以一件事或若干件事来表现人物的一个品质，因此学生对人物的理解就停留在这一品质上。而一个人物是综合的，是立体的，尤其是历史人物，他更是全方位的，是多面性的。既然学生收集了不同的材料，何不让组员阅读这些材料？在实践中，我们也发现，个别学生会提出更深层的问题，为什么同一个人，他的特点会有变化？此时，教师再建议组员去查阅一些背景资料和其他事件，结合背景的变化，再来讨论人物的变化。这样一点拨，那部分学生对人物的探究欲就更强了，当他们去比较阅读人物不同时期、不同方面的事迹，他们对人物的了解也就更深了。

其次，是形式上的问题，无论是展台展板，还是推介形式，绝大部分小组只凭自己的喜好,没有就自己小组的名人和事迹,选择合适的形式、展出内容。背后的原因主要有两个,其一,学生没有"展"的意识,其二,学生没有思考形式和内容之间的关系。

针对这两个问题,我们搜集了大量的电影、演出、展览的海报、陈列展台的图片,让学生结合内容去推断,为什么选择这样的画面作为海报?为什么要陈列这些物品做展示?为什么用这种形式来呈现?学生看了中国人民革命军事博物馆里陈列的赵一曼用过的粗瓷大碗,首次廉政文化文物展览上展出"朱德的扁担"等,他们联系学过的课文,就明白,陈列的物品是要能表现人物品质的。他们看了比较熟悉的《小兵张嘎》和《大闹天宫》等电影的海报,明白了展板或海报中呈现的,最好选择事件中最能表现人物特点的某个画面。他们看了不同身份人物的展厅图片,画家、书法家等,更多的是展出其作品,以表现其艺术上的成就,而革命家等,主要以图片或视频展示其经历,以表现其精神,学生明白了,介绍人物时,要根据人物品质和身份等,选择合适的形式。

明确了标准,各小组的讨论开始有了方向,努力根据内容去选择合适的形式,开始对原有方案进行调整。例如有个小组要介绍的是花木兰,组里的成员都是女生,本来要将木兰"当窗理云鬓,对镜贴花黄"作为展板的主内容,后来认为木兰女扮男装,代父从军,征战沙场的画面,更能表现她勇敢善良的品质、保家卫国的热情和英勇无畏的精神,就调整成木兰"手持利剑"的画面。还有个小组要介绍的是王献之,原先打算在展台上陈列王献之作品的相关图册,后来为了表现他的好学不倦,还增加了一个装满水的陶罐和一些书法纸、书写工具,对应《十八口大缸》,让参观者能尝试写一写,进一步了解他的品质。有个小组要介绍的是曹操,原本打算以讲故事的形式来介绍这个人物,后来感觉这个故事只能表现曹操的一个方面,不够全面,于是改成相声的形式,在对话中,一一介绍曹操的事迹,还在展台、展板上补充了他的文学作品等……

方案设计到这一步,我们其实只是达成了展的基本要求,要让展真正吸引人,还得"有创意"。可是在这一评价关注点上,我们并没有什么惊喜的发现。最根本的原因,是学生对"有创意"的具体要求不明确,不知道可以从哪些方面去进行创造性的设计。于是,教师又抛出了一个新的问题——你的推介要能吸引人来听,你觉得可以还可以从哪些方面进行改进？学生各抒己见，有的从介绍的表现形式提出了建议，认为可以增加一些形式，如戏剧表演等；有的从互动交流的角度提出了想法，认为可以增设一些有奖问答的形式；有的关注到了介绍时的语言表达，认为要抑扬顿挫；有的反思小组所选的事例，太耳熟能详，不够特别……在充分交流的基础上，教师引导学生制定出了"有创意"的具体标准（表6-7）。当然，这一标准对学生来说，还是较高的，因此，学生可以选择其中的一条或几条去对照、调整，无须面面俱到。

表6-7 "中国历史名人展"有创意的方案评价表

1. 选择的典型事例有新意；
2. 展板展台的布置较新颖；
3. 介绍的表现形式较独特；
4. 介绍的语言表达有吸引力；
5. 互动交流的方式较活跃。

学生在这一标准的指引下，开始了又一轮的小组讨论，对方案做出了新的调整。有一个小组要推介的人物是司马光，原本选择的事例是破瓮救友，事例能很好地表现人物的机智、沉着。可是，这一事例几乎人人都听过，对观众来说，毫无新意。于是，组员们又阅读了和司马光相关的许多故事，发现司马光诚信的品质尤为突出，但却鲜为人知，于是调整为介绍司马光的诚信事迹"卖马"。有一个小组在讨论中，一名组员忽然提到，他家里有皮影戏的工具，他会用皮影戏来表演，于是小组就采用"皮影戏"演绎的方式来介绍人物，代替原来的口头讲述。有个小组为了吸引观众，打算制作一些名人书签，送给来他们展台观展的观众……各个小组均在原有方案基础上，有了进一步的提升。

在评价关注点3上，即介绍方案，第1个实验班中出现了这样1个问题：小组代表都是拿着方案表（见表6-8）上台读了一遍。这一现象背后的原因，是教师没有将要求提清楚。在第2个实验班实施时，教师明确了要求，脱稿介绍，并给了10分钟左右的准备时间。因此，没有出现照表朗读的情况。但也出现了新的问题：每个小组几乎都是按照表格顺序进行介绍，从人物展板、展台布置到汇报形式，每个部分都是先介绍形式或内容,再介绍理由,这样的介绍,面面俱到,没有突出方案的亮点。

表6-8 "中国历史名人展"方案设计任务表

\\	中国历史名人展方案 组员:_____
基本信息	所选历史名人的姓名、身份、朝代等信息。
所选事例	要介绍人物的哪(几)件事?
人物展板	人物展板中会呈现哪些内容? 这样设计的理由是什么?
展台布置	展台上还会布置什么? 这样布置的理由是什么?
成果汇报	准备以怎样的形式来推介人物? A 讲故事 B 课本剧 C 绘本 D 视频 E 其他_____选择这一形式的理由是什么?
互动交流	准备以怎样的方式与观众互动?

续 表

任务分配	时间	任务	负责人

存在困难与解决途径	你们最困难的地方是什么？你们准备如何解决？

在第三个实验班中，我们就创设了一个情境：受名人展场地的限制，展台数量有限，各小组就要竞争有限的位置。给大家两分钟介绍自己的方案，听了你的介绍，大家觉得方案很好，你们小组就能参加名人展。接着就引导学生去讨论，两分钟里怎样介绍才能让人觉得你们的方案很好。经过讨论，学生一致认为，应该重点介绍最能体现小组创意的内容。

在这两个条件的限制下，小组又开始了新一轮的讨论和准备。最终汇报时，也有了不一样的面貌。几乎所有小组都从事例选择、人物展板、展台布置和汇报形式这三个部分中，选择了 1—2 个最能表现小组创意的部分作为重点来介绍，介绍时，有的小组不仅讲述了理由，还介绍了小组思考的过程。同时，为了让听众觉得自己的方案好，组员们在介绍时，有的小组，话说一半，留一半，卖起了关子，有的小组，喊起了口号，拉起了票……学生介绍的场合意识和对象意识大大提高了。

（三）学习型评价任务 3：能有吸引力地向参观者推介历史名人

方案制定完后，学生根据方案和分配的任务，认真排练，为最后的出项——中国历史名人展做好了充分的准备。中国历史名人展采用"画廊漫步"的形式。32 个小组，须直接向参观者介绍小组选择的人物和事迹，须当场解答参观者不明白或感兴趣的地方。教师和学生本人，则在最终场的名人展中观察学生的表现，做出评价。

在此项任务中,评价关注点如下:

能根据表达意图,结合对象和场合等,选择合适的复述方法复述故事,使用恰当有效的方式,推介自己最喜欢的历史人物故事。这里指学生能否根据具体情况,向别人推介历史名人。

在第一场展出中,无论是讲述故事还是与观众交流,学生的对象意识和场合意识都很薄弱,无论是面对一年级的弟弟妹妹,还是五年级的哥哥姐姐,都是运用简要复述的方式来讲述故事。一年级的学生感觉故事干巴巴,索然无味。五年级的学生则感觉自己感兴趣的内容没能听到,必须要主动追问,才能有进一步的了解,但是有些组员对有些问题,也没能做出更好的解释。而学生此时并没有发现这一问题,而是沉浸在一场展览结束的兴奋之中。

如何让学生主动发现这个问题?如何让学生基于前期准备,但又跳出准备,根据观众的不同反应,灵活地做出应变?讨论时,我们忽然灵光一现,是否可以将评价交给参观者,他们对学生表现的感受是最直观的,最及时的。学生就能通过参观者的评价,来发现自己有待改进的地方,进而做出有针对性的调整。

而标准谁来制定?基于"评价即学习"的认识,我们放手让学生去制定标准。学生在班级内进行了模拟展出,并交流了自己真实的观后感,从展板展台、事迹选择、人物介绍、互动交流等方面,确定了评价标准。在"小组—班级"内一轮又一轮的讨论中,学生对每个方面的要求有了更清楚的认识。他们制定的参观者评价表具体如下(表6-9)。

表6-9 "中国历史名人展"评价表

中国历史名人展评价表			
小组	评价	小组	评价
01	①②③④	02	①②③④
03	①②③④	04	①②③④
……	①②③④	……	①②③④

续 表

> 评价项目：
> 1. 展板展台：人物海报、展台陈列能表现人物特点；
> 2. 事迹选择：能围绕人物特点选择典型且有新意的事件；
> 3. 介绍形式：能以富有表现力的方式介绍人物，吸引观众；
> 4. 互动交流：当观众提出问题时，能及时和观众交流，为观众解疑。
> 评价说明：每做到一项，请在对应的数字上打钩，以便康宝进行后续的反思。

第二场展出开始时，每位参观者拿到了这张评价表，还有一叠心形贴纸。参观期间，参观者根据评价标准，对每个小组的表现做出评价，将爱心贴纸贴在自己认为比较好的小组的海报上，有些参观者还在爱心贴纸上写上建议或者鼓励的话。第二场参观活动结束后，各小组的组长统计了每一项评价指标的情况，结合爱心贴纸上的建议，以及参观者当场给出的反馈，进行反思，围绕后续如何改进展开了讨论。他们发现，面对低年级学生时，最好能用详细复述的方式，加上动作、表情，运用合适的语音语调，这样更能吸引他们的注意力。而中高年级的学生，他们通过看人物展板，就能知道人物事迹，没有必要再听一遍简要复述，又因为他们对这些历史人物，本来就有一些了解，并不是一张白纸，他们想与人探讨的欲望会比较强烈。因此，故事本身的讲述可能不是重点，小组要对这个历史人物有足够全面的了解，而不仅仅局限在一件事中，这样才能让中高年级的学生也在观展后有所收获。有了这样的认识后，组员们又根据情况，进行了一些调整。

第三场展出开始了，与前两场相比，学生的表现有了很大提升。面对低年级时，学生们绘声绘色地讲故事、演故事，引得低年级学生拍手叫好。面对高年级的哥哥姐姐时，学生从人物的生平，讲到成就，从事迹讲到别人对他的评价，侃侃而谈。从第三场评价表的数据反馈中，可以看出，绝大部分小组的得星数，比前一场有所增加，且增加来源主要是指标3和指标4。

每一场展出结束后，介绍者根据参观者在参观过程中的反应、参观后提出的建议，实时动态调整介绍的模式、内容。整个名人展，四场展出，可以说每一场都与前一场有所不同，每一场都比前一场有进步。

四、评价回顾与反思

学校第一届中国历史名人展圆满落幕。四年级160名学生,共计32个小组参加了名人展。其他四个年级650名左右学生,分为四批,参观了此次名人展。

在整个展出过程中,学生的复述能力有了显著提高。无论是叙事类的文本,还是方案等应用型文本,学生围绕表达意图确定复述重点、选择要点的意识有了明显的上升。尤其是在最后的展出中,仔细聆听学生们讲述的故事,我们惊喜地发现,学生所选的故事能表现人物特点,甚至可以说是围绕人物特点选出了最典型的故事。讲述的内容,无论采取的方式是简要复述还是详细复述,故事的主要内容(即故事的起因、经过、结果)都是完整的。即使是简要地说,学生也不忘讲述那些要点,即能表现人物特点的言行。

与内容相匹配的推介形式极富吸引力。海报画面呈现的大多数是故事中最打动人的画面,能让人初步感受到人物的特点。展台上摆放着和人物相关的物品,如诗人的作品集、用彩泥呈现的某个场景、事件中的关键物品等。讲述故事的方式更是多样,皮影戏、绘本、课本剧、自制视频……这是小组根据组员的特长和历史名人的特点确定的。

同时,学生逐渐有了要根据不同的对象、场合,采取不同的复述方式的意识。面对听众的不同、内容的不同、达成的目的的不同,学生努力随机应变,做出相应的调整。尝试着采取不同的复述方式,运用不同的形式,如借助动作、语气、表情、道具等,吸引参观者的目光。虽不是那么灵活,但已是一种认识上的突破。

由此可见,中国历史名人展这一项目中的评价任务的设计和实施,很好地促进了项目目标的落实。

参考文献

[1] 教育部.义务教育语文课程标准(2022年版)[M].北京:北京师范大学出版社,2022.

第七章　数学学科项目的评价*

《义务教育数学课程标准(2022年版)》中指出小学阶段,核心素养主要表现为数感、符号意识、空间观念、几何直观、数据分析观念、运算能力和推理意识等方面。

数学项目化学习是提升数学核心素养、促进深度学习的重要途径。数学项目化学习具有情境的真实性、任务的挑战性、过程的完整性、成果的创造性等特征。通过有效的数学项目化学习的教学策略,提高学生问题解决能力,培养学生高阶思维,提高学生学习能力,激发学生学习内驱力,凸显数学学科思维。数学项目化学习不仅是学习数学知识的过程,更是一种实践和应用的过程,其中涉及数学建模、问题解决等关键的数学能力。将实际问题转化为数学问题的过程,通过建立数学模型,学生能够更好地理解和解决实际问题。学生需要面对真实、复杂的问题,并运用数学思维和技能寻找解决方案。计算和测量等基本的数学能力也是数学项目化学习中的重要部分。计算涉及到对数字和代数的基本运算能力,而测量则涉及到对长度、面积、体积等度量单位的掌握和应用。这些基本数学能力是解决实际问题的基础,因此在数学项目化学习中也需要得到充分体现。

作为数学项目化学习,它既要完成教学大纲设置的教学任务,又要培养学生的综合能力。在《义务教育数学课程标准(2022年版)》中新增了一个板块《综合与实践》,明确指出综合与实践是小学数学学习的重要领域。虽然在小学主要采用主题式学习,但我们这些项目也可以将其转化成数学项目化学习。学生将在实际情景和真实问题中,运用数学与其他学科的知识与方法,经历发现问题、提出问题、分析问题、解决问题的过程。

不仅仅在《综合与实践》中,在其他板块中,我们也可以适时渗入数学项目化

---

* 本章作者黄科。

学习元素,如《图形与几何》板块中,五年级的容积体积部分,可以让学生动手测量不规则物体的体积,通过实操来体会上升部分的体积与物体体积的关系。三年级时带着学生去操场上走1千米,真实感受1千米的长度。学习平方米时,让学生动手做一张1平方米的正方形纸,让学生们在1平方米的纸上来站一站,看看能站多少人。用1平方米的纸来测量一下学校走廊的面积……通过各种方式提升学生的量感。

数学作为工具也可以深入到其他学科中,与其他学科教师合作,设计跨学科的数学项目化学习,如将数学与科学、社会科学等领域相结合,培养学生的跨学科素养和问题解决能力。如统计表(图)的制作、分析可以在科学学科中帮助学生统计数据、观察分析现象,解决问题。如二年级数学《统计表的认识》与科学《保温材料》进行跨学科整合,开展了《护冰行动》的项目化学习。这种跨板块的数学项目化学习设计有助于学生全面发展数学能力,感悟数学知识之间、数学与其他学科知识之间、数学与科学技术和社会生活之间的联系,积累活动经验,感悟思想方法,形成和发展模型意识、创新意识,提高解决实际问题的能力,形成和发展核心素养,加深对不同数学领域之间联系的理解。

作为数学学科项目的评价则应从目标出发,以评价量规为导向,让学生经历数学实践。评价贯穿在整个项目学习的环节中,落实过程性评价。评价量表设计帮助学生明确学习任务,聚焦学习目标,不仅注重学生本体知识的应用能力,还需更多关注学生在数学项目化学习进行过程中所表现出的学习能力、创新能力、合作交流等各方面的能力。

在评价学生的数学学习成果时,应全面关注数学学科的核心素养,确保学生在数学项目化学习中能够灵活运用并发展,诸如数感、量感、几何直观和空间观念等关键素养。同时,要着重考查学生运用数学知识解决实际问题的能力,这不仅是数学教育的核心目标,也是数学学科实际应用价值的体现。此外,学生的数学表达和交流能力同样重要,他们不仅需要理解和掌握数学知识,还需要能够清晰、准确地表达自己的想法和解题过程,以便有效地进行数学交流。最后,评价还应关注学生的数学态度和价值观,看他们是否对数学保持浓厚的兴趣,视其为一种挑战,并重视在解决现实问题时应用数学的价值观。这样的全面评价能够更准确地反映学生的数学学习状况,促进他们的全面发展。

一、项目描述:设计包装盒

(一) 为什么要做这个项目

1. 落实国家课程标准的需要

五年级属于整个小学的第三学段,在现行课标中指出可适当采用数学项目化学习。数学项目化学习的设计以解决现实问题为重点,综合应用数学和其他学科知识解决问题,体会数学知识的价值,以及数学与其他学科的关联。

"设计包装盒"是五年级第二学期的一个数学项目化学习,涉及的知识点是第五单元"几何小实践——长正方体的认识"。这个单元是小学阶段新授知识的最后一个单元,也是整个小学阶段知识点最庞大的一个单元,属于"图形与几何"板块。此项目针对培养学生几何直观和空间观念的能力。项目可以提供更多的实物、模型、图形等,帮助学生建立直观的感知和认识,培养他们的空间观念。同时,项目也可以通过一些实践活动,如测量、绘图等,让学生亲身体验几何知识和空间观念的应用。

2. 增强用数学解决实际问题意识的需要

数学学科项目丰富了学校"4+1"课程中"4"元分科的学习模式,帮助学生将所学的数学知识应用于实际问题中,进一步加深对数学概念和方法的理解。"设计包装盒"促进学生主动运用数学本体知识,通过收集相关的数学信息和数据,并对这些数据进行整理和分析。通过计算、推理、统计等方法,结合美术学科,设计并动手制作实用的包装盒,解决实际问题。在项目的总结阶段,学生需要展示他们的成果,并与其他小组进行交流和分享。

在这个项目中不仅有助于学生巩固所学的数学知识,提高数学应用能力,还有助于培养学生的团队合作、沟通表达和解决问题的能力。这种学习方式也使得数学学习更加生动、有趣和富有实际意义。

通过数学学科项目学习,学生能够更好地理解数学知识的实际应用价值,提高对数学学习的兴趣和积极性。同时,这种学习方式也有助于促进学生的综合发展,培养他们的创新思维和实践能力。

(二)"设计包装盒"项目案例描述

数学教研组从每个年级本学期的教学内容中选择与生活实际贴近的内容,借助学科本体知识的运用设计形成项目。实际生活往往要比理想中的数学模型更为复杂和有趣,在项目学习中学生借助数学公式、数学模型,在更复杂的生活环境中提取有效信息,组合创造出最终成果。

"设计包装盒"是和三、四年级合作的项目。项目背景是学校举行足球比赛。四年级学生以欧洲杯的赛程方案作为参考,模仿设计"康宝四年级组足球比赛",从中运用单循环、双循环和淘汰赛的赛制,安排各班的初赛、年级的复赛和决赛,最终选出最佳球员和冠亚军等奖项。从此项目的研究中,学习了四年级第六单元数学广场中的——计算比赛场次,初步体会"排列"与"组合"的不同。

三年级根据四年级的设计比赛中得出的各种奖项,为获奖的康宝准备一次"康宝下午茶活动"的菜单设计。教师分别提供饮料,点心和小奖品。由孩子们设计菜单,学习了三年级第六单元数学广场的内容——搭配,并从中初步体会到排列的方法。

五年级根据三年级设计的菜单,结合五年级第四单元——几何小实践(长、正方体)设计每份下午茶的礼盒包装盒。根据盒内礼品、物品的尺寸大小,考虑包装盒的容纳空间大小(容积、体积)、包装盒的用料面积(表面积)设计包装盒的展开图,并对礼品盒的外观、内饰分隔设计、携带搭扣等进行设计美化。在此项目研究中,学生综合运用了长正方体的知识,并结合生活实际将数学知识进行实践应用。

于是我们将这个项目的驱动性问题设计为:康外小学要为四年级足球赛获奖的康宝进行一场颁奖活动。需要为不同奖项的礼品设计制作一个包装盒,如何设计一个实用、省料、牢固、美观的礼品包装盒?

为了制作出符合要求的礼品包装盒,学生需要综合并灵活运用已学的数学知识:五年级长(正)方体的展开图、表面积、体积。通过拆包装盒观察生活中的包装盒与数学课堂中的长、正方体,比对他们的不同之处。通过画展开图,感知包装盒的基本结构,初步建立平面图形与立体图形之间的联系。通过还原包装盒理解包装盒中特殊结构的作用和意义,对自己的作品设计提供了借鉴和启发。在动手测量规划包装盒大小的过程中培养学生的量感,空间观念。规划包装盒内部结构与外观设计使学生们的创造力和想象力被激发,动手制作的过程也再次验证了之前的活动环节是否有效。在不断往返修正的过程中,孩子们的空间、几何、推理等各方面的能力都在不断提升,我想这就是设计这个项目想实现的目标和意义。

整个项目进程中孩子们需要经历以下几个过程,并思考以下的问题：

(1) 要准备哪些材料和工具?

(2) 要进行哪些方面的测量?

(3) 会涉及哪些方面的知识?

(4) 在这个项目中你们可能会碰到哪些问题?有什么好的方法可以解决这些问题?(可以带一些奖品实物,让学生思考,如何将这些奖品组合,确定外包装的操作方案?)

(5) 怎样的盒子你觉得是成功的盒子?尝试制定评价标准。

实用、省料(大小合适),牢固、美观。

(6) 寻找合作伙伴,选择所设计的奖项。进行初步的分工。

二、"设计包装盒"项目评价设计

(一) 项目目标与评价目标

1. 项目目标

在数学课标中,对几何的直观描述如下：

能够感知各种几何图形及其组成元素,依据图形的特征进行分类；根据语言描述画出的相应的图形,分析图形的性质；建立形与数的联系,构建数学问题的直观模型；几何直观有助于把握问题的本质,明晰思维的路径。

对空间观念的描述：

对空间物体或图形的形状、大小及位置关系的认识。能够根据物体特征抽象出几何图形,根据几何图形想象出所描述的实际物体；想象并表达物体的空间方位和相互之间的位置关系;感知并描述图形的运动和变化规律。空间观念有利于理解现实生活中空间物体的形态与结构,是形成空间想象力的经验基础。

关于几何直观、空间观念 5~6 年段目标要求是:

在这次新修订的课程标准中,《图形与几何》板块有两个内容要求:

(1) 图形的认识与测量;

(2) 图形的位置和运动。

探索几何图形面积和体积的计算方法,会计算常见平面图形的周长和面积,会计算常见立体图形的体积和表面积。尝试在真实的情境中发现和提出问题,探索几何直观、逻辑推理、方法分析与解决问题,形成模型意识和初步的应用意识、创新意识。

根据学校项目化学习的评价框架,本项目涉及探究能力 3、探究能力 5。

探究能力 3:

设计与实施探究:能按照探究目的设计可行的、有创意的方案并实施,通过多种方式收集、分析数据和信息。

该评价要点在本项目中的体现在:通过拆、复原各类包装盒,全面观察包装盒的结构,找出与课本中长、正方体展开图的不同之处,思考他们的作用,并能运用在自己的设计中,通过与同伴的讨论,不断验证尝试中修正自己的方案,最终制作出一个完整的、有创意的包装盒。

探究能力 5:

运用数学和计算思维:能灵活运用更多高阶的数学原理和计算思维来多方面地分析问题,并较好地解决问题。

该评价要点在本项目中的表现为:思考设计一个包装盒的展开图,学生需要思考如何测量,筛选有效数据,结合长、正方体特征以及长、正方体展开图的知识点、利用等比例放大等方法来计算、绘制包装盒每个面的大小。完成包装盒展开图的整体结构、

学生通过全面观察包装盒展开图的整体结构,结合课本知识将自己的想法和创意运用到设计方案中,并在设计制作验证中发现问题,并通过计算、测量等方法来调整方案,解决问题。

结合课标制定了数学学科素养的评价目标,结合学校的评价框架中的探究能力3、5制定了本项目的学习素养评价目标。本项目的项目目标如下。

数学学科素养目标:

(1) 通过动手拆、合包装盒,了解长方体、正方体的展开图,能辨认这些图形的展开图,知道长(正)方体的展开图有6个面,相对的两个面形状相同,大小相等。

(2) 会计算这些图形的体积和表面积,能用这些公式解决简单的实际问题。

(3) 借助测量工具对实物有选择地进行必要数据的测量,并针对测量的数据进行展开图的设计。在图形的测量过程中,进一步形成量感、空间观念和几何直观。

(4) 认识比例尺,在实际情景中,会按给定比例进行图上距离与实际距离的换算;成比例缩小计算出礼品盒的长宽高,并根据立体草样设计出等比例缩小的展开图,形成空间观念和推理意识。

(5) 能正确绘制立体图,并能根据尺寸绘制6个面的包装盒展开图。

(6) 绘制的展开图能粘贴成可容纳奖杯及其他相关礼品的完整包装盒,逐步建立平面与立体之间转化的几何空间能力。

学习素养目标:

(1) 通过实物包装盒的展开图的研究,通过动手操作对实物包装盒进行研究,在拆的过程中寻找包装盒的特殊结构,在复原的过程中反复调整、尝试,探究这些特殊结构存在的意义和作用。将发现和想法运用到自己的设计中。能够按照探究目的设计可行的、有创意的方案并实施。

(2) 能详细表达自己想法,通过分析已有的数据、多方建议和验证结果,找到可改进的地方。通过修改现有的方案并验证,形成一份更有价值的方案。

(3) 能向同伴详细地解释自己的设计方案,通过沟通交流找到可改进的地方,多次尝试和不断改进,修改现有的方案,与同伴合作制作出一个完整的展开图,形成一份更有价值的方案。

(4) 通过小组讨论,复盘整个制作过程,设计评定包装盒的标准,并能客观地评价自己和其他学生的作品。

2. 评价目标

此项目重点评价数学学科素养目标的(1)、(3)、(4)、(5)、(6)和学习素养目标的(1)、(2)、(3)、(4)。

(二) 项目全程中的评价节点与任务

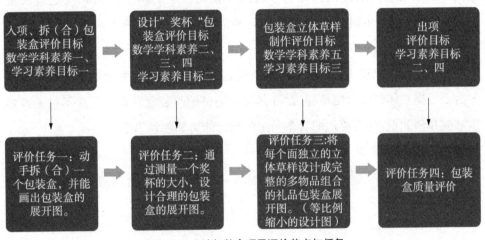

图 7-1 设计包装盒项目评价节点与任务

(三) 评价任务设计思路

此项目的评价任务设计紧密结合了五年级第二学期《几何小实践》的课程标准。课标中明确提出了学生需要掌握长、正方体的体积、表面积、展开图等相关知识，并将这些基础知识应用到实际生活中。评价任务的设计旨在评估学生对这些知识的理解和应用能力。从整体上考虑，评估学生在几何实践方面的综合能力。除了知识理解外，还包括动手操作、问题解决、创新思维等多个方面。通过综合评估，可以更全面地了解学生的学习成果和进步。

评价任务需注重实践与应用，鼓励学生将所学的几何知识应用到实际生活中。学生需要动手拆剪包装盒，通过绘制包装盒展开图，发现实物包装盒与数学课上所讲授的长正方体展开图的区别。评价任务还要求学生对比实物包装盒与数学课上所讲授的长正方体展开图的区别，逐步理解实物包装盒特殊结构存在的意义。这些对应了数学学科素养评价目标1:通过动手拆、合包装盒,知道长(正)方体的展开图有6个面,相对的两个面形状相同,大小相等。同时也对应了学习素养评价目标1:通过动手操作对实物包装盒进行研究,在拆的过程中寻找包装盒的特殊结构,在复原的过程中反调整、尝试,探究这些特殊结构存在的意义和作用。针对这两个评价目标设计了评价任务1:动手拆(合)一个包装盒,并能画出包装盒的展开图。此任务有助于提高学生的动手能力和问题解决能力,有助于加深学生对几何知识的理解和应用,提高他们的空间观念和几何直观能力。

评价任务要求孩子们选取有效数据进行测量,以确定包装盒的形状大小。学生需要根据立体包装盒的草样,设计并绘制完整的包装盒展开图。这不仅需要学生掌握几何知识,还需要他们具备一定的设计能力和创新思维。

评价任务最后要求学生制作并美化一个实用、牢固、美观、有创意的包装盒。这不仅需要学生掌握制作技巧,还需要他们具备一定的审美能力和创新意识。

三、"设计包装盒"项目学习型评价任务

此项目是康宝足球比赛中的一个子项目,所以围绕着四年级康宝进行足球比赛,并对获奖学生进行奖励,分成四个奖项。我们要对四个奖项的礼品套餐进行外包装的设计制作。

(一) 学习型评价任务1:动手拆(合)一个包装盒并画出包装盒的展开图

虽然第四单元中,学生已经学过了正方体和长方体的展开图,了解了它们是由6个面组成,相对的面形状相同,大小相等。尽管已经在课堂上学过这些知识点,但真正的包装盒展开图远没有那么简单。通过亲手拆解实物再次深刻感受"相对"位置的关系,了解实际的展开图还有哪些特点?这些特殊结构一般都会在哪些位置,起到什么作用?通过折合复原明确哪些位置的结构是必要的,为后续展开图设计提供支架(任务单1)。

任务的层层深入,问题的不断涌出,使孩子们不断深入思考,任务一完成后根据组内学生们的表现进行自评互评,主要考查评价学生两个方面的能力:

(1)数学学科素养:通过动手拆、合包装盒,知道长(正)方体的展开图有6个面,相对的面形状相同,大小相等。

(2)探究能力:通过动手操作对实物包装盒进行研究,在拆的过程中寻找包装盒的特殊结构,在复原的过程中反复调整,尝试,探究这些特殊结构存在的意义和作用。

表7-1 任务单1 拆(合)包装盒

续 表

在还原折合的过程中,你感受到这些结构各有什么作用?

_____

_____

_____

_____

评价标准	自评	互评
数学学科素养:通过动手拆、合包装盒,知道长(正)方体的展开图有6个面,相对的两个面形状相同,大小相等。	A B C D	A B C D
探究能力:通过动手操作对实物包装盒进行研究,在拆的过程中寻找包装盒的特殊结构,在复原的过程中反复调整,尝试,探究这些特殊结构存在的意义和作用。	A B C D	A B C D

1. 拆包装盒

学生们对于动手拆剪包装盒的任务非常兴奋。他们小心翼翼地使用剪刀和美工刀,仔细地将包装盒拆开,生怕弄坏了里面的结构。在拆开包装盒的过程中,他们不仅锻炼了自己的手眼协调能力,还对包装盒的结构和特点有了更深入的了解。

他们发现实际包装盒的展开图与课本中的长正方体展开图在形状上存在差异。课本中的长正方体展开图通常是一个平面图形,由长方形的四条边和若干个正方形组成。然而,实际包装盒的展开图往往更加复杂,可能包含更多的面和边,而且形状也可能不是完全规则的长方体。面与面之间的连接方式也可能更加复杂。

以下是学生发现的一些特殊的结构：

（1）有粘贴面；

（2）有小舌头；

（3）每个包装盒拆开后都形状不一；

（4）为了加固还多重复增加了几块图形；

（5）有的图形中间有镂空，边缘有对应的凸起，折叠后凸起和镂空能卡住，起到小暗扣的作用。

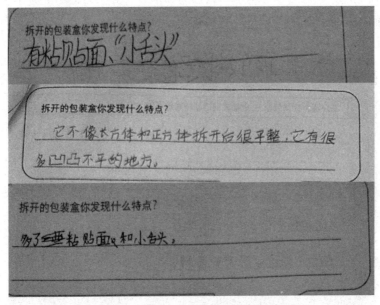

图7-2 拆开包装盒后发现的特殊结构

这些发现让学生们意识到实际生活中的几何形状和结构可能与课本中的理论描述有所不同。这些特点都有存在的价值，那么我们是不是能运用到自己后续的设计中，以此增加包装盒的完整性和稳固性呢？他们开始思考如何将所学的几何知识应用到实际生活中，并尝试理解和解决实际生活中的几何问题。

在此过程中，教师观察学生拆包装盒时，是否表现出足够的细心，以确保展开图的完整性。在展开的包装盒上，孩子们是否能明确指出3组相对的面，并理解它们的形状相同、大小相等的特点。他们是否能够清晰地描述这些面的相对关系。是否能对比这个实际的包装盒展开图与数学课中的长正方体展开图,找出它们的相同点和不同点。他们是否能够理解实际操作与理论模型之间的联系和区别。对上述的情况进行观察后教师可组织学生进行自评和小组互评,对他们在拆解包装盒过程中的表现进行全面的评估,了解他们是否真正掌握了任务所要求的知识和技能。

2. 画展开图

为了更好地理解和记录这些差异,学生们开始尝试将包装盒的展开图画下来。他们使用作图工具,仔细地描绘出包装盒的各个面和连接方式。在这个过程中,学生们加深了对几何知识的理解和应用。

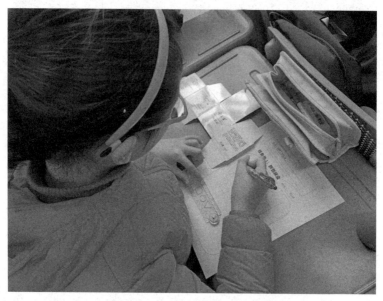

图 7-3 绘制拆开包装盒的展开图

通过将包装盒的展开图画下来,学生们能够更直观地比较和观察实际包装盒与课本中长正方体展开图的差异。这有助于他们更好地理解几何知识的实际应用,并激发他们对几何学习的兴趣和热情。

下面三幅展开图学生不仅画出展开图的六个面,并且记录下了包装盒的黏贴条,面与面的折痕用虚线表示。第一幅图中学生还记录下了卡槽设计,这些都为后续的包装盒设计提供了素材。

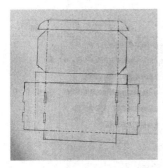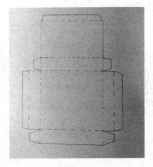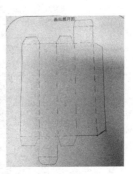

图7-4 学生绘制出的包装盒展开图

选择一些优秀作品给学生们展示,并且可以让其他小组的学生来找找这个展开图的3组相对面,那些特殊结构在你们的展开图中也存在。思考一下他们有什么作用。同时选择一些有问题的展开图,让大家来找找岔,这些问题也是为学生的设计提个醒。

3. 复原包装盒,感知特殊结构存在的价值

复原的过程就没有拆那么容易了,因为有的结构已经在拆的过程中被破坏了,或者拆的时候并没留意某个部件的特点,没有想明白某些构造的作用,折叠时发现无法完全复原,不是多了一块就是少了一块。其实要完全复原,就一定要搞清楚每个特殊结构的作用,摆放的位置关系。

那是不是每个面上都需要有这些特殊结构呢?这些结构能不能舍去? 舍去后会出现什么情况? 猜测一下这些结构存在的意义。

图7-5的这位学生在复原一个鞋盒,复原过程中多出了好几个面。于是教师及时参与其中,帮助这个小组先厘清这些平面的长方形中哪几个图形是长方体的六个面尤为重要,其余的那些长正方形都是为了加固盒子而多设计的几个图形。这对于后续如何加固礼品盒又提供了好思路。

图7-6的两位学生合作复原一个大的包装盒,可以看出来这个包装盒两侧设计有些复杂,要能复原,就要先搞清楚两侧的特殊结构之间的关系,两位学生在合作中发现部件之间的玄机,部件之间互相卡扣,相当于上了一把小锁,加固了两侧

图 7-5 还原包装盒

图 7-6 合作研究侧面结构,还原包装盒。

的开合。最终通过两人的合作完美复原。

通过复原,孩子们把从中发现的小密码写下来,并互相交流,大家从中能获取更多的点子。

随后学生们把复原的作品放自己桌上进行全班展示,每位学生轮流去其他小组观看其他小组成员的作品,并对他们复原的作品做 A、B、C 三档评级。并简单

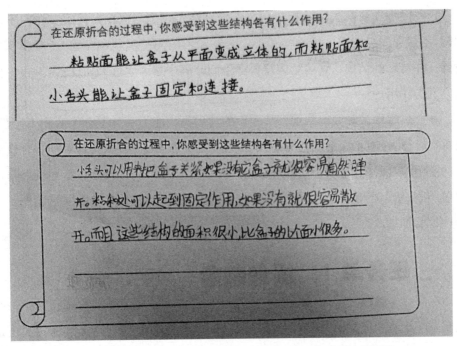

图 7-7 动手还原过程中学生发现各种结构在折叠包装盒中的作用

写出评级的原因,缺点或优点。这张评价条留在作品旁,让制作者可以看到大家对自己的复原工作的评价。因为有了这个展示和评价的环节,学生们在复原的时候小心翼翼,对一些特殊结构反复琢磨,将其尽可能完全复原。

通过拆→画→复原,孩子们对包装盒的结构有了初步的了解,发现做一个包装盒并没想象中的那么容易。在课程标准中提到,图形的认识要选用学生身边熟悉的素材,鼓励学生动手操作,感知立体图形和平面图形的特点以及两类图形的关联,引导学生经历图形的抽象过程,积累观察物体的经验,形成初步的空间观念。教师让学生们先给予一定的时间自主探究,当有几组学生组装成功后,让这些学生为大家展示一下他们组合的关键部件如何复原,这些结构的复原也为其他同学的复原提供了想法,学生们可以在此基础上对自己的盒子进一步展开研究。

拆合包装盒的过程中,其实也是让学生们感受从立体到平面、从平面到立体的图形变化过程,动手实操更利于建立学生的"空间观念",同时考察了学生的探究能力和总结归纳的能力。

这些结构在我们数学计算中一般都是忽略不计的。但在真正的实物中不能忽略,不然无法组装成一个立体图形。为了图形的完整美观和牢固,还需要额外设计一些特殊的结构。这些结构需要学生们分解中思考它们如何摆放,拆合中探究它们的作用。

在此过程中教师要留意观察孩子们的动手操作能力和分工合作的能力,因为是首次合作,通过本次活动任务的展开,教师适时指导干预,尤其是对于有合作矛盾的小组,教师不要急于重组,而是需要倾听小组中出现的问题,有指导性地帮助化解矛盾,使小组合作能更默契,当然教师可以适当微调分组,如由强带弱便于后续项目的推进。

(二) 学习型评价任务 2:通过测量,设计一个奖杯包装盒的展开图

在第一个阶段动手拆合的过程中,学生们已经大致了解了实物展开图中一些较复杂的构造。但为了完成一个多物品组合的复杂包装盒制作,在这里我们还是提供了一个支架。进行单一"奖杯"包装盒的制作(任务单 2):通过测量奖杯尺寸、设计包装盒的展开图、剪拼展开图、验证展开图是否正确完整,改进修改展开图,完成一个包装盒,最后反思感受整个设计流程。

此任务作为后续制作多个物品的组合包装盒的学习支架需要解决的问题:

(1) 包装盒的大小如何确定?

(2) 物品的包装盒的展开图如何设计?

所以在这个任务中,考察评价以下三个要点:

(1) 数学学科素养:

① 借助测量工具对实物有选择地进行必要数据的测量,并针对测量的数据进行展开图的设计。

② 能正确绘制立体图,并能根据尺寸绘制 6 个面的展开图。

③ 绘制的展开图能粘贴成可容纳奖杯的完整的包装盒。

(2) 探究能力:

能详细表达自己想法,通过分析已有的数据、多方建议和验证结果,找到可改进的地方。通过修改现有的方案并验证,形成一份更有价值的方案。

表7-2 任务单2 "奖杯"包装盒设计

任务单2:"奖杯"包装盒设计

设计人:_____

这个奖杯有什么特征?

你们需要哪些数据?如何测量?

测量的数据(可以标注在上图中):
_____
_____

选出有价值的数据:
_____
_____

包装盒的立体草图绘制:(标出尺寸)

注:展开图设计在附页(A3),复印后剪拼验证是否成功。若不成功或需要继续改进,可以重新复印后再修改或重新绘制。将每稿的图纸保留下来并标注第( )稿。

续 表

评价标准	自评	互评
数学学科素养1:借助测量工具对实物有选择地进行必要数据的测量,并针对测量的数据进行展开图的设计	A B C D	A B C D
数学学科素养2:能正确绘制立体图,并能根据尺寸绘制6个面的展开图	A B C D	A B C D
数学学科素养3:绘制的展开图能粘贴成可容纳奖杯的完整的包装盒	A B C D	A B C D
探究能力:能详细表达自己想法,通过分析已有的数据、多方建议和验证结果,找到可改进的地方。通过修改现有的方案并验证,形成一份更有价值的方案	A B C D	A B C D

1. 包装盒大小的确定,有效数据的测量

奖杯是一个不规则物品,制作这个奖杯的包装盒作为这个项目重要的支架之一,学生先要考虑这个物品的大小,如何测量这个不规则物体,这在我们数学课中未尝涉及。有的孩子会把奖杯上面的宽度(也就是上截面圆形直径)和底面的宽度(也就是下截面圆形直径)都测量了。那到底哪些数据对我们设计这个盒子有用呢? 这是孩子们需要思考的第一个问题。长、宽、高确定了长方体的大小和形状也就确定了。那么不规则物体哪些数据才能决定盒子的大小呢? 通过多次操作测量,全班交流,孩子们能逐步感受到长、宽、高的方向只要各测量一个最长的数据即可。通过测量有效数据,引导学生从图形的直观感知到探索其特征。

2. 设计立体草图

数据测量出来后,就要将测量出来的有效数据在任务单2的图中标注出来,并思考转化成可容纳"奖杯"的包装盒的立体草图。从学生在图上标注的数据可判断孩子们是否掌握选择有效数据进行测量,在此过程中"化繁为简"的思想也逐步渗入孩子们后续的设计环节之中。图7-8中这位同学通过测量出奖杯最长10.9 cm,最宽7.3 cm,最高18 cm。所以设计的立体草图长宽高分别也是

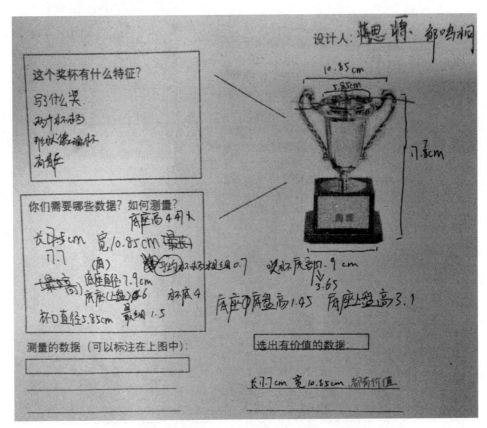

图 7-8 通过多次测量发现不规则物体如何测量,提取有效数据

10.9 cm、7.3 cm、18 cm。从任务单 2 中,看到这样设计的小组很多,基本上孩子们都是直接把数据拿来就用。但实际包装盒的尺寸应该是留有余地的。通过集体讨论,学生意识到需要给它们增加了一些尺寸。长宽高分别是 12 cm,9 cm,19 cm。这样不仅给予内部一些空间,而且整数数据也便于后期绘图制作。

此环节完成后学生基本掌握测量的方法,如何寻找有效数据,如何利用这些数据转化为包装盒的数据。

3. 奖杯包装盒展开图设计

有了立体图,就可以着手绘制展开图了。

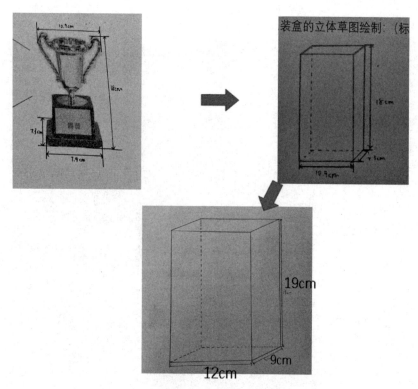

图7-9 有效数据的采集后的数据调整和设计

表7-3 任务单2:(附页)奖杯展开图设计(标注尺寸)

任务单2附页:设计人_____
奖杯展开图设计(标注尺寸)
方案改进:(记录全班展示交流中获取的建议和剪拼实验中发现的问题) 1. 2.

在展开图的设计活动中,很多小组能快速完成。我们将孩子们设计图完成的情况分为了三类:

① 知道有 6 个面,但是展开后相对的面形状大小不同;

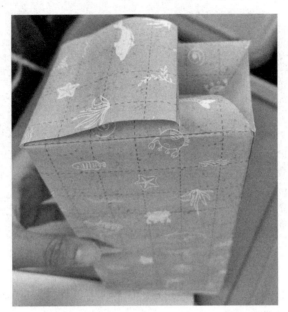

图 7-10 问题 1:奖杯包装盒顶面太小,说明设计的相对面大小不同

② 有 6 个面,相对的面形状大小也相同,但折叠后重合的棱长度不同;

图 7-11 问题 2:奖杯包装盒展开图中相邻重合的棱长度不等

③ 能基本折合成一个长方体，但对于粘贴面考虑得还不够周全，所以折叠不能完全封闭。

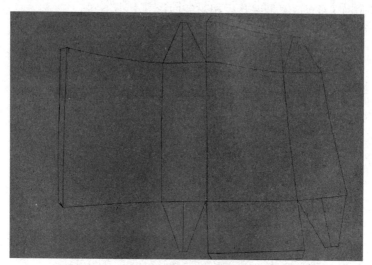

图7-12　问题3:奖杯包装盒展开图粘贴面设计有遗漏

由于以上三类的情况，在剪拼折合这个环节失败居多，总有无法粘贴或者有各种瑕疵。由于孩子们制作的过程时间不可能同步完成，所以需要教师在巡视的过程中将设计的情况进行分类。在巡视中，教师根据以上三类情况对设计稿标注1、2、3的标记，并在大家基本完成这个阶段任务后，将学生们按类别进行分组（每类情况根据人数分成1—2组）。教师给这三类学生提供不同的学习支架。

第一类：利用任务一拆开的长方体盒或可展开的长方体学具，让孩子们在展合的过程中，寻找长方体展开图相对面的位置特点。在孩子们基本能找出相对面的同时，教师提供一个快速判断"展开图相对面"的小视频，让孩子们了解各种展开图中相对面的位置关系的普遍规律。

第二类：同样还是利用任务一拆开的长方体盒或可展开的长方体学具，供学生们继续观察，但观察点在于展开图外圈边长折叠变成长方体棱的过程中重合的情况，以确定每个面的长方形应该如何摆放。

（第一类学生和第二类学生都观察可展开的长方体盒，但观察的侧重点有所不同，第一类观察面、第二类观察棱。）

第三类：通过大组互相交流，互相找缺点，吸取亮点弥补自己的设计。

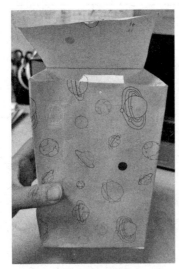

图 7-13 成功的奖杯包装盒

通过一轮轮的尝试和努力，孩子们最终设计出了一个完整的奖杯展开图，并能将展开图成功地折合成上图所示的完整的包装盒。这一轮的实践过程不仅让孩子们深入了解了包装盒的结构和设计原理，还提高了他们的动手能力和空间想象力。初步体验到了几何知识在实际生活中的应用价值。同时实践的乐趣和成就感，激发了对数学学习的兴趣和热情。

表 7-4　任务单 2　小组交流汇总

任务单 2：第（　　）组汇总
组长：＿＿＿＿　记录：＿＿＿＿　发言人：＿＿＿＿
在展开图设计中，我们小组发现的典型问题：

> 我们小组的新想法和好点子：
> _____
> _____
> _____
> _____

整个活动都在小组活动、大组活动和全班交流中进行，独立思考，互相采纳，分工合作，所以既要能表述自己的观点又要能倾听别人的发言，还能快速思考及时给出有效回应，考查了孩子们的探究反思能力。所以在探究能力评价中我们考查学生：能详细表达自己想法，通过分析已有的数据、多方建议和验证结果，找到可改进的地方。通过修改现有的方案并验证，形成一份更有价值的方案。这里也是探究能力评价的环节。

4. 后续差异化任务设定

显然这项任务每组学生所需要的时间和达成度有明显的差异。教师和学生本人也会根据这个差异在后续项目难易度的选择上做一个参考。后续的项目分成四个奖项的包装盒设计，一等奖有4个奖品，二、三等奖各有3个奖品，四等奖是2个奖品。根据此次任务大家的完成情况和三类学生的分组，后续基本以下面的分配方案来分配工作任务：一等奖的学生由第三类学生来完成，二、三等奖由第二类学生完成，四等奖由第一类学生完成。当然有学生也想挑战一下自己，希望完成更高难度的包装制作。通过第一类和第二、三类的学生的搭配，来提升自己的任务难度。通过差异化任务设定可以确保后续项目可以更有效开展.

（三）学习型评价任务 3：将每个面独立的立体草样设计成完整的多物品组合的礼品包装盒展开图（等比例缩小的设计图）

学生通过礼品的合理摆放，大致确定了礼品盒的大小，并进行了立体草样的制作。

表7-5 任务单4 多物品组合礼品盒展开图设计

任务单4：多物品组合礼品盒展开图设计
_____奖礼盒制作 设计人：_____ 第（ ）稿
展开图设计　　比例:1:(　)
实物　长:(　)　宽:(　)　高:(　)
图纸　长:(　)　宽:(　)　高:(　)
设计总监　　　质量监理
得票数(　)　　得票数(　)
评选结果(　)　评选结果(　)

评价标准	自评	互评
数学学科素养：能成比例缩小计算出礼品盒的长宽高，并根据立体草样设计出等比例缩小的展开图。	A B C D	A B C D
探究能力：通过多次尝试和不断改进，与同伴合作制作出一个完整的展开图。	A B C D	A B C D

学生们在上一环节中需要完成指定奖项的礼品包装盒的草样设计，大家将多个礼品进行组合摆放，利用报纸和卡纸做了立体草图，并将礼品放置其中，检验放置后是否合理。

图7-14 学生上台展示他们制作的立体草样

通过立体草样的制作，对自己的作品有了基本雏形，并不断尝试和改进，以使其更加完美。但他们发现草样是由一个个相对对立的面用外部粘贴的方法组合而成，无法展开或者展开后不能形成一个完整的展开图。此外，包装盒也容易出现漏缝、容易裂开等各种问题。

为了解决这些问题，学生们需要思考如何将之前设计的立体草样转化设计成一个周全的展开图。设计图纸最终要画到大图纸上，那么他们要对一个大面积的图纸进行精准绘制，首先需要学会等比例放大缩小。"比和比例"在小学阶段不涉及，但此处教师将为学生提供一些相关的资料或简短的课程。

通过确定的立体草样，等比例缩小设计礼品盒的展开图，学生从中感受到相对面相同、大小相等的关系，立体图中折叠重合的棱在平面展开图中位置关系。因此在此任务中，主要评价考察二个要点：

（1）数学学科素养：成比例缩小计算出礼品盒的长宽高，并根据立体草样设计出等比例缩小的展开图。

（2）探究能力：通过多次尝试和不断改进，与同伴合作制作出一个完整的展开图。

1. 介绍中国古建筑的"烫样"工艺，了解等比例放大缩小在设计图中的作用

等比例缩小放大的功能在这个环节中起到非常大的作用。用工程师的方法去思考问题，在制作方案时也是先在等比例缩小的图纸上完成，等方案完全成熟之后再进行制作。我国古代建筑设计中"烫样"的工艺就是如此，所以教师在这里介绍烫样的工序，并让学生理解先缩小再放大的必要性。并增加等比例计算的简单方法，让学生能快速掌握并运用展开图的设计。

2. 利用立体草样图，确定缩小比例并计算，合作设计完整的平面展开图

此环节需要学生先确立一个比例，并计算出这个比例是否能在一张完整的A3纸上画出展开图。学生先要通过测量草样的长宽高，再通过计算得出图纸上缩小后的长宽高。在补充教学中，发现这个知识点学生掌握起来并不困难，孩子们找到一个比较方便计算并合理的比例还是比较容易的。数据确定后，就可以在一张A4纸上设计出整体展开图。

展开图设计	比例:1:(　　)		
实物	长:(　　)	宽:(　　)	高:(　　)
图纸	长:(　　)	宽:(　　)	高:(　　)

图 7-15　任务单 4 中在画图纸前先确定比例,比例缩小后绘制展开图设计稿

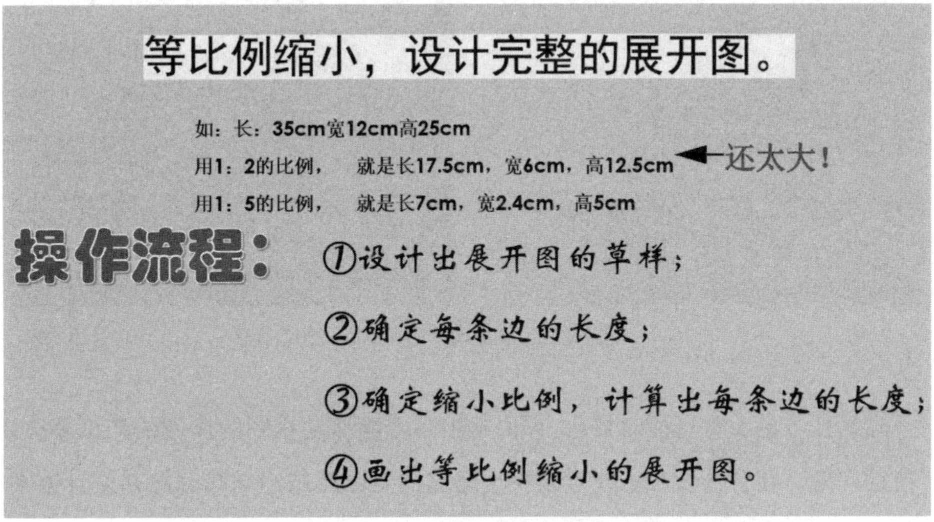

等比例缩小，设计完整的展开图。

如：长：35cm 宽 12cm 高 25cm
用 1：2 的比例，　就是长 17.5cm，宽 6cm，高 12.5cm　◀──还太大！
用 1：5 的比例，　就是长 7cm，宽 2.4cm，高 5cm

操作流程：
① 设计出展开图的草样；
② 确定每条边的长度；
③ 确定缩小比例，计算出每条边的长度；
④ 画出等比例缩小的展开图。

图 7-16　教师 ppt 演示操作等比例缩小设计展开图的流程

学生先确定比例大小，然后计算每条边的长度，画出等比例缩小的展开图。通过剪裁折叠检查是否能形成一个完整的缩小比例的包装盒。通过反复修改最终检验是否成功。

有的孩子计算能力较弱，在这个环节中反复计算错误，所以画出来的图纸与草样的图形不符。也有的小组选择的比例值太大或者太小，在图纸上不能完全展开。教师在巡视中要帮助这些小组一同找出问题，改进或者确定最佳比例，最终把完整的图纸展现在这张设计稿中。

通过上几个任务活动，明显发现小组学生的配合度增强了，当他们发现问题时明显思考替代了争吵，也能合理分配任务，一人计算，一人绘制。

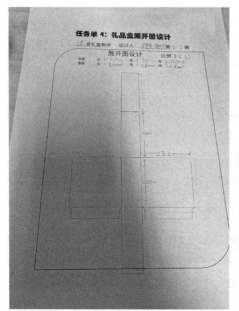 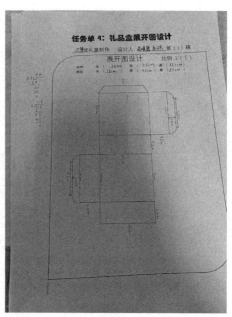

图 7-17 学生设计的礼品展开图设计稿

借助任务单 4 进行适时评价,评价学生是否能够利用新的比例的知识解决新产生的问题。在合作设计修改过程中小组成员是否能共同寻找问题并设计方案,最后分工合作完成一个完整的设计图纸。

3. 班级进行展开图的交流和讨论,指出设计图的缺陷,并修改完善(在此环节中评选出班级最佳"设计总监"和"质量监理")

这个包装盒展开图的设计是这个项目最重要的环节,当然难度也是最高的。所以这个阶段给予孩子们充分的时间。设计展开图的过程中孩子们要反复借鉴立体草样的构造,明确相连的面和分开的面。哪些面的边缘要设计粘贴条,小舌头放在哪里合适,之前在拆合包装盒过程中见到过的特殊元素,都可以加入到自己的作品中,并且还有各种小创意。

上图就是一个小组想参照某品牌蛋糕盒式样,四个面交替关合。有的小组想制作成多棱柱的形状,也有的学生想再做一个镂空透明的面,能从包装盒外部看到内部的物品。使折叠后的立体作品更牢固,也更富有创意。

当一轮展开图设计完成后,利用集体的智慧进行大组交流讨论,寻找缺陷,学

图 7-18 两位学生展示他们的设计创意,作品被选为最有创意的设计,两位学生被选为"设计总监"

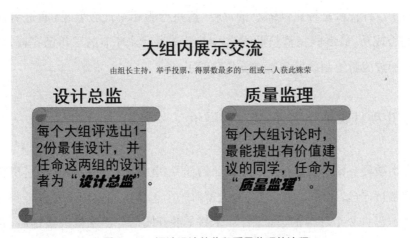

图 7-19 评选设计总监和质量监理的流程

习优点。在展示交流的过程中每组选举出"设计总监"和"质量监理"。其实在这里安排评选也是为了确保交流展示活动能有效地开展。最佳设计小组成员能获得"设计总监"的头衔;提出有价值建议的学生能获得"质量监理"头衔。通过任命机制激励每位孩子既能认真地展示自己,又能认真地聆听别人的发言。

4. 剪拼检验,最终定稿。

这个环节,学生将对自己的展开图设计样稿进行剪拼检验,通过上一轮的缩小版的样稿设计,学生们最终可以把他们放大在大纸上绘画,形成最终的展开图。图7-20是学生们正式绘制制作的过程。

图7-20　学生根据图纸绘制正式的包装盒展开图

由于设计样稿是按比例缩小的,所以剪拼检验相对比较容易,通过剪拼检测设计是否成功,最终能完整粘贴成功的小组说明设计环节的工作已完成,可以进入后续的放大版绘制阶段和制作美化阶段了。

四、学生项目成果分析:包装盒的展示

在出项环节孩子们已经完成了自己的任务,装着奖品的包装盒将呈现在大家的面前进行评选。起初做包装盒时,大家对一个包装盒的认识主要是美观、结实。但通过自己一个个环节的设计制作,尤其是展开图的一次次修改设计后,相信学生们对一个包装盒的评判有了新的认识和标准,所以在展示和评选之前,让学生们再次思考认为可以从哪些角度去评价一个包装盒?你会从哪些角度去介绍你的包装盒?

通过小组的讨论,记录下各组员的想法。表达自己想法的过程中,其实也是

把这个项目过程又在自己的脑海中梳理了一遍。哪些地方是制作难点？哪些地方容易疏漏？自己在设计制作过程中碰到的坎，都会被孩子们作为评价依据进行评判。

比如：在内部布局上，有学生想到用齿轮卡座固定内部物品，这个想法被很多学生采纳并运用到自己的作品中。用料面积主要是看制作的礼品包装盒是不是过大，或者过小。

图 7-21　学生展示他们包装盒的内部结构

包装盒上基本都有一个拉手，让学生提起看看能否负重这些物品，说明包装盒的制作是否牢固的。粘贴部分的设计是否合理，是否有遗漏。再从美观、创意设计上进行评判给予额外加分。

图 7-21 中学生在内部给物品做了分隔设计，把物品放在固定的位置上。

在全班学生的讨论下，形成包装盒的评价标准（表 7-6）。此评价表分为两张，一张是自评，一张是全班互评。每组的学生先对自己的作品进行自评打分，估算自己的分值，同时也是梳理一下自己作品在哪几个方面是优势，哪些方面是劣势，可以再做改进。自我介绍时也可以重点介绍哪些方面。评价从以下几个方面来进行。

表7-6 任务单5 礼品包装盒的评价标准

任务单5:礼品包装盒的评价标准		
设计人:_____ 选择_____奖礼盒制作		
评分项(符合的打"√")(自评)		
内部布局	非常合理+2分	比较合理+1分	不合理0分
用料面积	完美贴合+2分	比较节省+1分	过于浪费0分
负重能力	可以承重+2分	勉强承重+1	不能承重0分
粘合部分	设计周全+2分	部分遗漏+1	设计不周0分
制作水平	制作精美+2分	制作一般+1	制作粗糙0分
加分项		
造型有创意+1		图样精美+1

内部布局:根据奖品的数量和形状,充分利用包装盒内部空间,合理确定摆放位置,既不显局促,又不太过宽绰,浪费空间。

用料面积:可以根据物品放入后的包装盒大小来判断,完美贴合说明用料面积始终,但如果太大或者过度包装,则属于过于浪费。

负重能力:把奖品放入后,把包装盒提起,看看是否能承受这些物品的重量,也就说明这个包装盒的牢固程度。

粘贴部分:观察每条棱上是否有漏封口处。这个问题说明展开图的设计有缺陷。有的遗漏处不影响美观,则选择部分遗漏,但连接处有较多没有完整的接口,影响美观则选择设计不周。

制作水平:根据外观制作和内部制作两部分来判断。根据用的材料、剪裁水平、折叠制作水平等等来判断。

同时增加了加分项:造型创意和图样精美这两项。

造型创意:有个别小组的外观和内部结构设计很有想法,很独特。或者他们在整个任务中的造型设计对其他小组都有借鉴作用,则可以加分。

图样精美:主要指外观的美化设计制作非常精美则可以加分。

最终让学生们准备一下如何来介绍自己的包装盒。在自我介绍过程中,孩子们都尽量展现出自己作品的优点,如承重能力很强,可以当场演示给大家看看。承重能力强也反映了包装盒的牢固程度。那为什么会牢固,怎么设计才能使同样厚度的纸张做出坚固的包装盒,也是学生介绍的一个亮点。也可以展现内部结构,合理布局,没有浪费的空间。还有的学生设计精美,有透明可视窗口。有的作品结构复杂,创意多多。这些都在学生们的精彩介绍中得以展现。从大家的介绍中,能感受到学生们在制作的过程中不断反思,反复试错修正。无论作品制作的水平如何,孩子们对自己制作出来的作品都很有成就感。

在展示介绍包装盒的同时,全班学生依据以上的标准依次打分,从内部设计到外观设计多方面进行评价。然后统计所有打分的成绩,算出平均分,来确定每个小组的得分。评选出各奖项的优秀作品,并由这些学生装上奖品亲手送给获奖的学生。

评选的过程,也是每位学生对自己作品的重新审视,对整个项目活动设计制作的回顾。尽管前期教师依据学生的能力,匹配了为不同数量奖品设计包装盒的任务,奖品数量更多的包装盒设计难度更大,反之亦然。然而教师惊喜地发现,有些小组虽然包装物品少,但肯动脑筋,设计很有创意,有抽屉式的礼盒,也有内部根据物品大小做了分割层。还有的学生对外部进行了美化装饰。虽然制作水平确实有很大差别,但从中能感受到了孩子们在尽力使自己的作品更完美。在制作的过程中也反复思考,尤其是展开图的设计,特殊结构的运用,内部结构的设计固定,包括外部的设计美化,孩子们是动足了脑筋。通过两人合作,大组互评探讨。

图7-22 学生出项成果——优秀作品

孩子们经历了发现问题、提出问题、分析问题、解决问题的过程。学生感悟到了数学知识与实际生活中之间的联系,也感受到了实际生活中的数学比教材中的理想数学要复杂得多。但学好了数学学科的本体知识,利用基本模型,进行灵活运用,并加上自己的创新和探究能力,就能更好地为实际生活服务。在这个动手动脑的数学项目化学习中,学生们积累了活动经验,形成和发展了长正方体的模型意识,展开图的设计丰富了孩子们几何空间的能力;制作设计中的反思修改的过程提高了孩子们解决实际问题的能力,形成和发展了核心素养。

参考文献

[1] 教育部,义务教育数学课程标准(2022年版)[M].北京:北京师范大学出版社,2022.

[2] 曹一鸣主编,新版课程标准解析与教学指导(2022年版)小学数学[M].北京:北京师范大学出版社,2022.

第八章 科学学科项目的评价[*]

科学学科项目化学习是一种教学方法,它将传统的科学教育内容融入实际的、以项目为基础的学习活动中。这种方法强调学生通过参与设计、计划、执行和展示科学研究项目来学习科学概念和科学方法。并鼓励学生主动探索、合作解决问题,并与现实生活中的科学问题和挑战相联系,从而提高他们的批判性思维、创新能力和跨学科应用能力。

传统的小学科学教学更偏向于知识传授和概念讲解,缺少实践性和综合性,难以激发学生的学习兴趣和探究欲望。而在科学学科项目化学习的过程中,师生通过实施一个完整的项目来进行教学活动。这种教学模式强调跨学科的理念与知识的深度融合,以提升学生的设计、创新、逻辑思维等能力,并有效激发学生的科学探究兴趣。

科学学科的项目化学习能与现实世界的科学问题相关联,让学生感受到学习的实用性和意义。它鼓励学生像科学家一样思考,通过观察、假设、实验和数据分析来发现知识。它能结合多个学科的知识和技能,如数学、技术、工程等,解决复杂问题。它能让学生在项目中扮演主动角色,负责规划、执行和评估自己的学习过程。它能促进团队合作,学生在小组中共同讨论、分工协作,增强沟通和社交技能。项目完成后,要求学生反思学习过程,通过报告、演示等形式分享成果。

科学学科项目化学习的评价主要涉及以下方面:

(1) 知识掌握与理解:评价学生是否掌握了项目相关的科学概念、原理和理论知识。包括学生能否解释科学现象、运用科学词汇准确表达思想以及展示对科学概念的深入理解。

---

[*] 本章作者孙梦佳。

（2）技能发展：评估学生在项目过程中发展起来的技能。包括实验设计、数据收集与分析、批判性思维、问题解决、团队合作、沟通交流及信息技术应用能力等。

（3）创新能力：考查学生在项目中展现出的创新思维和创造力。如是否有新颖的想法、独特的解决方案或原创的设计。

（4）反思与迭代能力：鼓励学生对自己的学习过程进行反思。评价他们是否能认识到自己在项目中学到了什么，哪些方面做得好，哪些方面需要改进，以及如何在未来的学习中应用这些经验。

本章将以工程技术的一般流程为线索，即：定义和界定问题——寻求、优化并确定解决方案——初步物化——测试改进，详细阐述科学学科项目化学习的评价探索。在"仿生造物"的项目中，"知识掌握与理解"的评价体现在学生需要知道关于"仿生"的科学概念、原理、知道"生物的结构与功能相统一，是生物长期适应环境的结果"。"技能发展""创新能力"的评价体现在"能利用文字、示意图等多种方式，说明自己的设计思路，设计有创意的仿生产品方案"。"反思与迭代能力"的评价体现在"能利用常用工具，对常见材料进行简单加工处理，制作简单的实物模型，尝试发现实物模型的不足，改进并展示"。

一、项目描述：仿生造物

（一）为什么要做这个项目

1. 科学学科核心概念与学校校本课程的主题相关

比对科学学科课程标准中的"结构与功能"的大概念和学校跨学科课程的"Central Idea"，教师发现：科学课程标准中的第7个核心概念是"生物与环境的相互关系"，"身边科学"主题下的"多样的生命"单元的"Central Idea"中也包含"动植物的结构与功能，动植物的适应性，仿生"等相关内容，它们之间互相关联匹配。

比对科学学科课程标准中第13个核心概念"工程设计与物化"和学校的"Central Idea"，教师又发现：第13个核心概念的内容要求包括：

13.1 工程需要定义和界定。

（1）描述简单的设计问题，包括材料、时间或成本等限制条件。

13.2 工程的关键是设计。

（2）借助表格、草图、实物模型、戏剧和故事等方式说明自己的设计思路。

（3）根据需求和限制条件，比较多种可能的解决方案，并初步判断其合理性。

13.3 工程是设计方案物化的结果。

（4）利用常用工具，对常见材料进行简单加工处理。

（5）知道制作过程应遵循一定的顺序，制作简单的实物模型；尝试发现实物模型的不足，改进并展示。

而"技术工程"主题的"Central Idea"的内容也包括："探究、设计不同的解决方案来帮助我们解决实际的问题，并满足需求；制作和测试通常用来识别存在的故障，找到最好的解决方案，交流能让我们共享智慧，改进完善。"科学学科概念和"Central Idea"再次互相关联匹配。

因此教师选择了科教版《自然》三年级上册第五单元"生物的启示"来设计项目化学习，希望学生在理解了"结构与功能"的跨学科大概念后，通过利用身边材料，设计、创造一件仿生产品或模型的活动，主动探究，积极思考，将书本上的知识进行内化，并在真实生活中进行迁移、运用和创新，在解决真实问题的过程中，反哺科学知识的进一步建构和深度理解。

2. 培养综合能力，反哺科学知识的深入学习

"仿生造物"的项目设计来源于科教版"自然"三年级上册第五单元：生物的启示。同学们在生活中可能看到过各种各样不同的生物，枯叶蝶停在一根树枝上，俨然一片即将掉落的枯叶；长颈鹿长着长长的脖子，可以吃到高处的树叶；昆虫拥有各种各样的口器，方便进食不同的食物……生物的这些特别的结构，使它们拥有什么特殊的本领吗？这与它们所生存的环境，又有怎样微妙的关系呢？

项目的驱动性问题应运而生：生物拥有各自不同的"超能力"，我们如何学习生物的这些本领，来设计、创造一件实用的产品或模型，为生活带来便利？

三年级的学生正处于低年段向高年段过渡的年龄段，从心理方面而言，他们逐渐开始从被动的学习向主动学习转变，有了一定的独立思考能力和创造力。结合学生们热爱生物，喜欢创造的特点，教师选择了科教版自然三年级上册第五单元"生物的启示"，希望学生在理解了"结构与功能"的跨学科大概念后，通过利用

身边材料,设计、创造一件仿生产品或模型的活动,主动探究,积极思考,将书本上的知识进行内化,并在真实生活中进行迁移、运用和创新,在解决真实问题的过程中,反哺科学知识的进一步建构和深度理解。

从学生们的表现不难看出,项目化学习可以提升学生的学习兴趣:通过实践性强、任务明确的项目活动,能够调动学生主动参与学习的积极性,激发学生的学习兴趣。项目化学习可以培养学生的综合能力:科学学科项目化学习注重培养学生的综合能力,包括科学知识和技能的应用,以及解决问题和合作学习的能力。项目化学习可以加强学科知识的应用和实践性:以项目实践为核心,能够帮助学生将学到的知识运用到实际问题中去解决,提高学科知识的应用能力和实践性。项目化学习有助于深入知识的内核:学生能深入理解科学知识,形成学科思维模式,又能进行跨学科思考,把不同学科的知识联系起来,形成整体思维,真正理解知识的内涵。

(二)"仿生造物"项目案例描述

仿生造物项目需要学生通过对于生物结构与功能之间关系的理解,仿造生物的结构与功能设计、创造一件实用的产品或模型,来解决生活中的不便。

仿生造物项目需要学生知道生物的结构与功能相统一,是生物长期适应环境的结果。懂得人类仿造生物的结构与功能的原理,发明新的设备、工具和科技,这个过程称之为"仿生"。知道并实施技术工程的一般方法:定义和界定问题;寻求解决方案;优化并确定方案;初步物化;测试改进。

学生在这个项目中需要经历的学习历程是:(1)通过复习和思考,学生理解生物的结构与其功能相统一,是生物长期适应环境的结果。分析驱动性问题,将其拆分成需要解决的小任务。(2)学生阅读"仿生知识卡片",选取其中一例仿生案例进行重点学习和分享。通过实验论证的方式证实蛋壳的薄壳结构承重本领大、鱼的流线型外形在水中受到阻力较小。(3)界定生活中存在的不便或难题,结合所学知识,设计一件仿生产品或模型,以方便生活,完成设计书。(4)交流、分享并改进仿生产品(模型)设计书。(5)根据设计书,制作出产品或模型。(6)测试产品或模型并改进。最后形成的项目成果是:"一件仿生产品或模型",学生的创造性体现在:模仿生物的结构与功能,设计、创造一件实用的产品或模型,学生在项目过程中对于仿生科学及工程技术有了更深的理解。

二、"仿生造物"项目评价设计

(一) 项目目标与评价目标

1. 项目目标

(1) 通过"搜集身边的不便"活动,能简单地描述设计问题,主动挑战没做过的事情。

(2) 通过"交流'生物盲卡'"的活动,能清晰表达自己的观点,知道生物的结构与功能相统一,是生物长期适应环境的结果。

(3) 通过"阅读'仿生知识卡片'"的活动,能通过多种途径搜集证据,懂得人类仿造生物的结构与功能的原理,发明新的设备、工具和科技,这个过程称之为"仿生",感悟大自然的奇妙。

(4) 通过"完成'仿生产品设计书'"的活动,能利用文字、示意图等多种方式,说明自己的设计思路,设计有创意的方案,根据需求和限制条件,比较多种可能的解决方案,并初步判断其合理性。

(5) 通过"制作仿生产品或模型"的活动,能利用常用工具,对常见材料进行简单加工处理,制作简单的实物模型,尝试发现实物模型的不足,改进并展示。

2. 评价目标

本项目评价的是项目目标中的(1)、(2)、(4)、(5)。

结合学校项目化学习能力评价指标,本项目主要涉及:

探究能力三:设计实施

——能设计有创意的方案,并按照方案一步步实施。

其具体表现为:完成仿生产品设计书,并将其物化。

探究能力六:方案解析

——能向同伴详细地解释自己的设计方案,找到方案中可以修改的地方,知道修改的原因并实施修改。

其具体表现为:在画廊参观的活动中,向同学解释自己的仿生产品设计书,吸取同学的建议,并修改自己的设计。

创新品质三:发散思维

——思考过程中能灵活地改变思考方向,寻求新的思考角度。

其具体表现为:当寻找的身边不便或是完成的设计书不符合评价标准时,可以改变思路,寻求新的设计思路。

创新品质六:批判性思维

——面对不同的观点、做法时能主动通过比较来简单分析其异同点。

其具体表现为:1.对于市面上已有的仿生产品,学生可以做迭代改进,但需明确自己的创新产品与已有产品的异同。2.画廊参观的活动中,当同学给出建议时,能主动通过比较来分析不同观点的异同点。

(二) 项目全程中的评价节点与任务

图 8-1 仿生造物项目评价节点与评价任务

(三) 评价任务设计思路

教师要创设真实问题情境,引导学生在解决问题的过程中感受处理工程问题的规范性和解决方案的多样性。

根据工程技术的一般流程,工程技术的第一步是"定义和界定问题"。教师首先需要帮助学生明确在本项目化学习中需要解决的问题,所以教师设计了评价任务一:"寻找生活中遇到的难题,交流、判断、筛选其是否是实际生活中真实存在的不便。"

工程技术的第二、三步是"寻求、优化并确定解决方案"。学生在学习生命系统的构成层次这一核心概念后,逐渐意识到系统的结构决定了其功能,为了使学生对"结构与功能"这一跨学科概念有更深入的理解,在本项目的驱动性问题中,要求学生需要利用仿生的方式来设计产品,以解决身边不便。同时,发明仿生产品不是盲目地制造,工程技术需要根据定义的问题,去有针对性地寻求解决方案,利用文字、图片等形式完成设计书,以供制作使用。因此,教师设计了评价任务二:学习生物的结构与功能,完成自己的仿生产品或模型设计书,形成多种可能的解决方案。利用画廊参观法,分享、学习、评价、改进设计书。

工程技术的第四、五步是"初步物化""测试改进",用工程的方法和流程设计制造出的作品或实物模型,一方面在设计制作中需要应用科学原理,另一方面可以帮助学生更好地理解科学原理,使科学、技术、工程成为一个密切相关的整体。在技术与工程中,为了实现特定的功能,学生还要设计并制作有独特结构的装置。若结构存在缺陷,则不能充分实现设想的功能,学生还要不断地对其进行测试与改进。因此,教师设计了评价任务三:根据设计书,制作、测试、改进仿生产品或模型。

在完成任务的过程中,培养学生的工程实践能力和创新能力。

三、"仿生造物"项目学习型评价任务

在之前的自然课上,学生们学习了昆虫、爬行动物、鸟类、哺乳动物各自都有不同的形态特征和本领,可在最初面对驱动性问题:"生物拥有各自不同的"超能力",我们如何学习生物的这些本领,来设计、创造一件实用的产品或模型,为我们的生活带来便利?"时,学生们仍显得不知所措,无从下手,于是,教师带领学生们一起寻找出了驱动性问题中的关键词,将它们一一贴在黑板上,整理顺序,把这个具有难度的大任务拆分成一些小任务:

(1) 生活、便利;
(2) 学习、生物、"超能力";
(3) 创造、实用、产品、模型。

通过寻找关键词,学生也总结出了在之后的项目化学习中,设计并制作仿生产品须满足以下要求:

(1) 我要解决的是实际生活中大家常会遇到的不便之处;

(2) 我能学习生物的结构与功能来设计实用的产品/模型；

(3) 我能多角度地思考解决问题的方法，并寻找一种创新的解决方式。

这三条产品评价标准，将贯穿整个项目化学习过程的始末，指引学生设计和创造的方向。

如此一来，学生们豁然开朗，这些小任务的难度降低了许多，学生们立刻表现出了很强的兴趣与积极性，一步一个脚印，着手大干一场吧！

（一）学习型评价任务 1：界定生活中真实存在的不便

科学新课标的第 13 个核心概念是"工程设计与物化"，工程首先要定义和界定问题，明确需要满足的标准和受到的限制条件。这是第一个评价任务。此处的标准和限制条件，就是指学生需要在家里、学校、社区等日常生活的场景中，在我们平时吃、穿、住、行等活动中，观察现象，发现其中谁遇到了不便，判断其是否可以通过设计去解决，并将其转换成本工程项目需要解决的问题，并明确产品的使用对象。

教师设计了"任务单 1"和"评价单 1"，让评价先行，指导任务过程，让学生在自评的过程中不断地去筛选满足限定条件的身边难题。

表 8-1　任务单 1：界定生活中真实存在的不便

任务单 1：界定生活中真实存在的不便
班级：_____　姓名：_____　学号：_____　组号：_____
驱动性问题： 　　生物拥有各自不同的"超能力"，我们如何学习生物的这些本领，来设计、创造一件实用的产品或模型，为生活带来便利？ 　　通过调查和了解，在我们的家里、学校、社区等日常生活的场景中，在我们平时吃、穿、住、行等活动中，我还发现了以下不便： 1. _____。 2. _____。 3. _____。 4. _____。 5. _____。 6. _____。 7. _____。 8. _____。 9. _____。 10. _____。

表 8-2　评价单 1:界定生活中真实存在的不便

评价单 1:界定生活中真实存在的不便	
评价标准	达成情况
1. 寻找到的不便是在真实生活中仍未被解决的	☆☆☆☆☆
2. 把寻找到的不便转换为设计问题,能清晰描述该问题	☆☆☆☆☆

在第一个评价任务中,学生主要存在的困难是:

1. 新发明、新创造已经解决了小朋友找到的不便。

如图 8-2,小张同学寻找的第一个难题:“1. 开车时会迷路。”,这个不便已经被解决了,因为手机导航、车载导航已经可以很好地解决了这个难题。

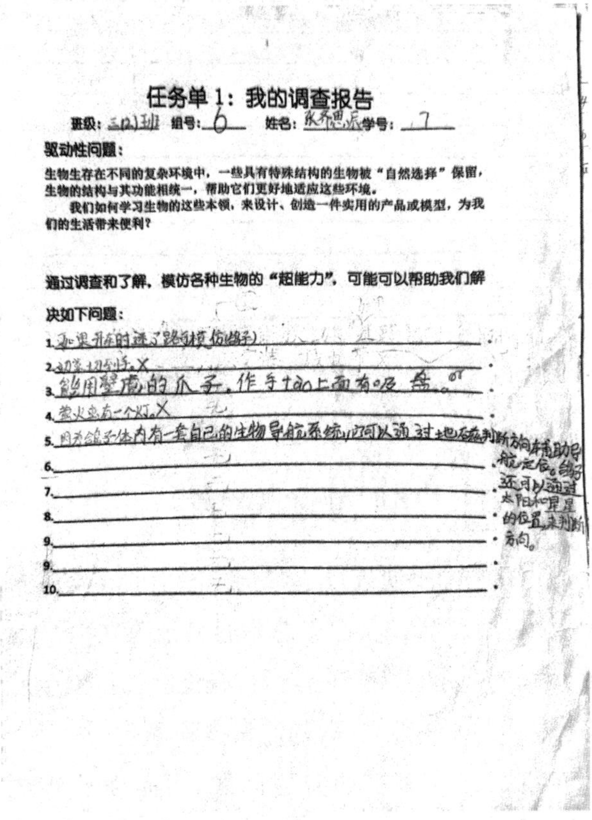
任务单 1：我的调查报告

班级：三(2)班　组号：6　姓名：张乔思辰　学号：7

驱动性问题：

生物生存在不同的复杂环境中，一些具有特殊结构的生物被“自然选择”保留，生物的结构与其功能相统一，帮助它们更好地适应这些环境。

我们如何学习生物的这些本领，来设计、创造一件实用的产品或模型，为我们的生活带来便利？

通过调查和了解，模仿各种生物的“超能力”，可能可以帮助我们解决如下问题：

1. 如果开车时迷了路可模仿(鸽子)
2. [illegible]。X
3. 能用壁虎的爪子，作手套上面有吸盘。
4. 萤火虫有一个灯。X
5. 因为鸽子体内有一套自己的生物导航系统，它可以通过地磁判断方向辅助导航定位。鸽子还可以通过太阳和星星的位置来判断方向。
6.
7.
8.
9.
9.
10.

图 8-2　我的调查报告 1

2. 寻找到的难题不是生活中真实存在的不便。

如图8-3,B同学寻找的身边难题"2.妈妈嫌弃透明手机壳太单调,花手机壳又太花了。"这个问题并不是真实生活中存在的不便,手机壳的样式非常丰富,小王的妈妈一定可以挑选到自己喜爱的。

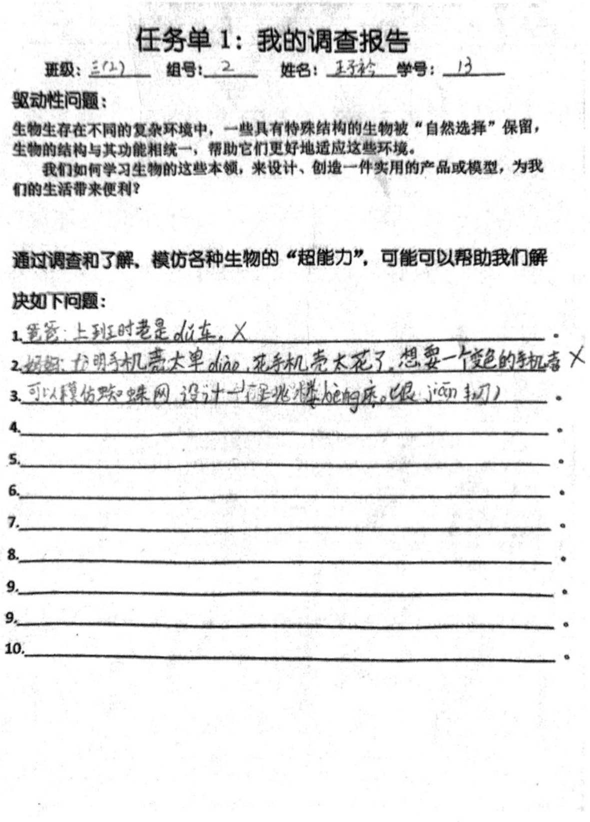

图8-3 我的调查报告2

同学们对于身边存在的不便进行了调查:"家里的充电线太多太乱,要找的时候找不到,浪费了时间。""铅笔、橡皮总是容易滚落在地上,影响作业效率。""考试时有不会的题,怎么办?""爬楼梯太累,有没有轻松上楼的方法?""模拟变色龙的变色本领,可以设计一件衣服,随心情变换颜色……"学生们充满想象,天马行空,他们寻找了许许多多的身边问题,可是哪些难题可以为学生们所用?

为了解决上述问题,教师组织学生们根据评价要求,小组内交流、分享、评价,然后再全班分享、评价,互相帮助,筛选出不符合评价标准的问题,在旁边打上小"×"。例如:A 同学表示"毛衣不够保暖",B 同学立刻就告诉她,那我们穿上羽绒服就可以了呀,这不属于我们生活中真实存在的不便,不符合评价标准 1。又例如:D 同学说:"每次去奶奶家玩,爬楼梯太累。"E 同学告诉他:"人类生活中已经有一个发明可以解决这个难题了,那就是电梯,这也不属于生活中真实存在的不便。"就这样,在小组内交流和点评的活动中,评价标准发挥了重要的引导作用,同学们都认识到了自己收集的许多难题中,哪些问题是不合适的,哪些问题是值得保留的,最终筛选出了自己最想解决的一个难题。而在这个过程中,评价标准的引导最大限度地让学生发挥出了主动性和能动性,教师不再是课堂的主导者。

经过几轮的筛选,学生们保留下来的问题都更贴近生活,并有可能被设计解决。如图 8-4,小李同学写道:"小区公房楼下的防盗门,是通过拨打家里的电话来按响门铃,帮助开门的,可解锁时间有控制,5 秒之后就又锁上了,大门又重又厚,一旦手里提着的物品过多,就连大人都不一定能在 5 秒内拉开。我们是否可以设计一件产品,来控制防盗门的关闭时间,给居民进出带来方便?"这就是一个非常贴近日常生活的不便,引起了教师和同学们的共鸣。

(二) 学习型评价任务 2:设计方案并改进

工程的第二、三步是寻求、优化并确定解决方案,借助表格、草图、实物模型等方式,说明自己的设计思路。

根据工程技术的流程和方法,教师设计了"任务单 2:仿生产品应用场景""仿生产品设计书",以及第二份评价单,即"自查清单"。通过完成任务单 2:"仿生产品应用场景",使同学们更具体地明确自己的仿生产品最终需要解决的身边难题,利用"5w1h"的思维方法来引导学生全面思考该难题发生的时间(when)、地点(where)、涉及的人物(who)(即之后要设计的仿生产品的服务对象)、具体情境(what)、怎样不便(how)、为何要解决(why)等具体信息,帮助学生更明确地定义、界定问题,培养学生乐于思考的好习惯。

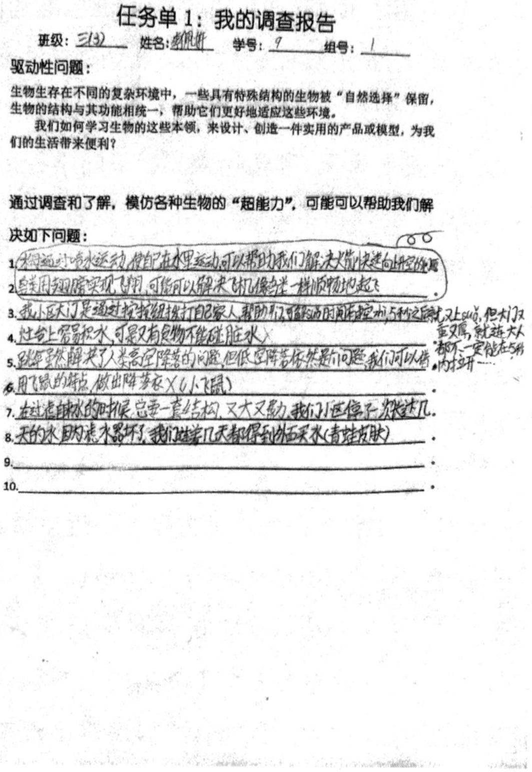

任务单1：我的调查报告

班级：三(3)　姓名：刘佩妍　学号：9　组号：1

驱动性问题：
生物生存在不同的复杂环境中，一些具有特殊结构的生物被"自然选择"保留，生物的结构与其功能相统一，帮助它们更好地适应这些环境。
我们如何学习生物的这本领，来设计、创造一件实用的产品或模型，为我们的生活带来便利？

通过调查和了解，模仿各种生物的"超能力"，可能可以帮助我们解决如下问题：

1. 有趣的香水运动 搭配 在水里运动可以帮助我们了解 水情快速的游起来
2. 带用细胞膜突起 可能可以像术毛像一样顺利地起
3. 我小区大门是通过转特刷接打我家人带的门之后自动控制5秒之后关上，让5小时，把刀刀
4. 把车上留着水，可取有食物不能碰胀水 至又意，就越来 都不一定能在5秒
5. 给空气难找人失老定障碍的问题，但很空落有关的问题，我们可以 时针开
6. 用眼镜的铺板，做出障碍在 X（小孩）
7. 方便给水的把便总要一直结构，又大又飘，我所以但你不能挂几
8. 天的水 的 表水器坏了，我们过差几天都得到外去买水（青蛙皮肤）
9. _____．
10. _____．

图 8-4　我的调查报告 3

表 8-3　任务单 2：仿生产品应用场景

任务单 2：仿生产品应用场景
班级：_____　姓名：_____　学号：_____
时间：_____　地点：_____　服务对象：_____
不便：

通过完成任务单2："仿生产品设计书"，使学生对于"具体要模仿什么生物？模仿它的什么结构？帮助它实现什么功能？如何在仿生产品中实现这样的结构设计？设计的仿生产品可以达到怎样的功能？可以帮忙解决怎样的生活难题？如何解决？"等问题开展初步的思考。

设计书下方的三条"自查清单"：(1)我要解决的是实际生活中大家常会遇到的不便之处。(2)我能学习生物的结构与功能来设计实用的产品/模型。(3)我能多角度地思考解决问题的方法，并寻找一种创新的解决方式。这正是贯穿整个仿生造物项目化进程的要求引领，它既是对于作品设计和应用的成果评价标准，也是引领学生设计方向的目标导向。

表8-4 任务单2:仿生产品设计书

任务单2:仿生产品设计书		
班级:_____ 姓名:_____ 学号:_____		
	我的生物教师：_____（名称）	我的发明：_____（名称）
结构		
功能		
自查清单		做到的打"√"
1. 我要解决的是实际生活中大家常会遇到的不便之处。		
2. 我能学习生物的结构与功能来设计实用的产品/模型。		
3. 我能多角度地思考解决问题的方法，并寻找一种创新的解决方式。		

在第二个评价任务中,学生主要存在的困难是:1. 对于生物的结构与功能相统一这个概念,理解不清晰。

如图8-5,小T同学觉得平时家人回家换下的衣服太多,乱堆乱放有点凌乱,她希望模仿树杈的结构来设计一款衣帽架,收纳外出衣。可是,树杈长成这样的形状是为了让叶子更多地晒到太阳,进行光合作用,获取能量,它原本的功能并不是为了挂东西用的,小T对于树杈这个结构与之对应的功能,理解不清晰,因此这个设计创意没有做到同时模仿生物的结构与功能。

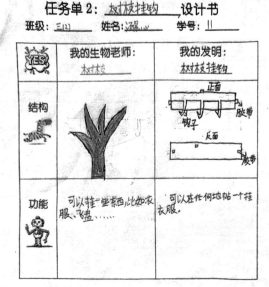

图8-5 仿生产品设计书1

如图8-6,G同学发现,下雨前蜻蜓会低飞,所以她想模仿蜻蜓的这种习性设计一款天气预报机器,可是她并没有搞懂蜻蜓雨前低飞这种现象的科学原理。蜻蜓喜欢捕食小虫子,雨前空气中的湿度变大,小水滴附着在小虫的翅膀上,导致小虫不能高飞,而蜻蜓为了捕食它们,所以也降低了飞行高度,蜻蜓的这一表现实际与它的结构并没有关系。因此,G 同学也没有做到通过仿生来设计出她的产品,解决身边问题。

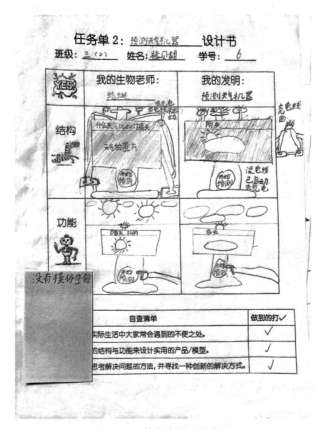

图 8-6 仿生产品设计书 2

在第二个评价任务中,学生还存在一个困难:2. 市面上已经存在学生所设计的产品或模型。

如图 8-7,C 同学想要仿照土拨鼠的利爪设计一款有锯齿机械臂的挖掘机,而这个产品市面上已经有了,单纯的模仿会令设计显得缺乏创造性,于是,教师对他说:"没关系,你的想法很好,实际上,除了从 0 开始创新,我们还可以对市面上已有的产品进行迭代改进。"

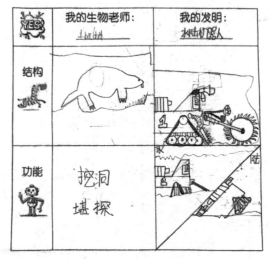

图 8-7　仿生产品设计书 3

学生们干劲十足,完成了自己的设计书 1.0 版,可是这些设计书多多少少都还存在一些小问题,如何帮助同学们完善自己的设计呢?

针对以上问题,教师有 3 大法宝:(1)生物盲卡和仿生知识卡片。(2)评价先行,指导始末。(3)画廊参观法。

什么叫做仿生?生物有哪些"超能力"?生物的结构与功能,有怎样的对应关系?这些特别的本领,与生物生存的环境之间又有怎样的关系?根据字面上的理解,"仿生"即模仿生物,那我们需要模仿生物的什么呢?生物有哪些优点值得被人类模仿呢?

上海科技教育出版社《自然》教材,三年级通过上册"植物的根、茎、叶""植物的花、果实、种子""动物世界""生物与环境"四个单元,学生已经知道了生活在不同环境中的动植物的外部形态具有不同的特点,以及这些特点对维持生物生存的作用。但在学生的反馈过程中教师发现,许多学生只理解生物的外形特征,却不理解什么是生物的结构,比如对于枯叶蛱蝶的枯叶状翅膀,学生只能将其描述为生物颜色上的特点,他们对于结构的理解是狭义上的,认为它代表的仅仅只是生物的内部构造,需要教师对于"结构"这一概念进行明确的界定。同时,教师还发现,对于"结构"与"功能"这两个概念,有时学生也会混淆,比如,有些学生认为,蝙蝠的结构就是会发出超声波,来探测物体方位,而这一本领实际上属于它的功能。

带着这些问题,教师拿出了"生物盲卡"(图8-8、图8-9),将它们分发给每一个小组,请他们来讨论、分享一下,他们拿到的卡片上的生物具有什么特点,这种特点使它拥有什么本领,帮助它们怎样更好地适应环境(图8-10)。分享完成之后,请他们将这些生物的特点进行分类,学生将它们分为"颜色""形态"两类,通过这个活动,教师帮助学生对于"结构"这一概念进行了界定,孩子们总结归纳出的颜色、形态等特点即生物的"结构",并把这些"结构"使生物拥有的"本领"称之为"功能"(图8-11),学生通过这一活动,对于"生物的结构与功能相统一,帮助生物更好地适应环境。"有了更深层次的理解。

图8-8 生物盲卡1

图8-9 生物盲卡2

图8-10 生物盲卡3

图8-11 生物盲卡4

同时,教师告诉学生,即便是学识渊博的科学家们,也需要站在巨人的肩膀上求知与探索,在学生着手设计和改进仿生产品设计书的过程中,他们也可以查阅相关的资料——仿生知识卡片(图8-12、图8-13)。

仿生知识卡片 1：
枯叶蛱蝶 & 迷彩服

"枯叶蛱蝶"小档案：

枯叶蛱蝶,以翅膀的形状及斑纹酷似枯叶而得名,为世界著名拟态昆虫。

枯叶蛱蝶的翅膀腹面呈枯叶色,静息时从前翅顶角到后翅臀角处有一条深褐色的横线,加上几条斜纹,酷似叶脉。

枯叶蝶喜欢生活于山崖峭壁、以及葱郁的杂木林间。栖息于溪流两侧的阔叶片上。当枯叶蛱蝶被天敌追捕时,它会以一种无规律、错乱般的方式飞行,很快地落入植物叶片之间,然后迅速将翅膀合拢,静止不动。此时的蝴蝶形似一片晒干的枯叶,在完全拟态伪装的形态下,天敌通常无法发现它们。

"迷彩服"小档案：

迷彩服最早是作为伪装服出现的。源于苏格兰猎鸟人伪装服,这原本是一种由猎户使用的伪装用具,是一件装饰着许多绳索和布条的外套,在植被茂密的环境中隐蔽效果很好,即使警觉敏锐的鸟儿也难以发现。

第二次世界大战末期,人类受到枯叶蝶的拟态结构的启发,经过改良,"迷彩"演变为由绿、黄、棕、黑等颜色组成的不规则图案,每一块图案的设置都是根据科学方案来设计的,能够让人体的线条轮廓进行视觉上的歪曲,不容易在作战环境中被发现。

小生物,大助力：

解放军经常需要在不同的环境中进行侦查或作战,密草、丛林、黄土地、雪山等不同环境都有其不同的特点。为了让士兵能够在作战中掩盖自身的行迹,迷彩服上设计有各种不同颜色的花纹,这些花纹可以帮助军人们更好地融入环境中,迷惑敌人的肉眼侦察,从而提高士兵们的伪装效果和生还几率。

图 8-12　仿生知识卡片 1

仿生知识卡片 2：
草 & 锯子

"齿状叶片"小档案：
锯齿状的叶片与植物所处环境中的光照、水份没有直接的关系，更多情况下是为了保护叶片，防止被动物吃掉。也就是说锯齿是植物进化过程中的一种自我保护的求生技巧。

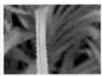

"锯子发明"小故事：
传说锯子是鲁班所发明：相传有一次他进山砍树木，手被一种野草的叶子划破，他摘下叶片发现叶子两边长着锋利的齿，他用这些密密的小齿在手背上轻轻一划，居然割开了一道口子。鲁班就从这件事上得到了启发，发明了锯子。

小发明，大助力：
人们在日常生活过程中，需要将木材或其他需要加工的物品锯断或割开，锯子发明以后，大大加快了人类的材料加工效率。

图 8-13 仿生知识卡片 1

教师为学生们精心制作了"1.枯叶蛱蝶 & 迷彩服""2.草 & 锯子""3.水母 & 火箭""4.鸟 & 飞机""5.响尾蛇 & 响尾蛇导弹"等共计 25 张精美的仿生知识卡片。这些知识卡片作为学生学习与模仿的支架，图文并茂，学生们阅读得津津有味。上面详细但又通俗易懂地记录着人类生活中的仿生实例，哪些"生物老师"具有什么样的结构与功能，能够怎样更好地帮助它们适应环境；人类模仿这些"生物老师"的"超能力"，发明了哪些仿生产品，它是如何模仿生物的结构与功能的，为人类的生活与生产带来了什么样的便利。这些仿生知识卡片就随时放在每个小组的桌子中间，在学生设计的过程中，可供随时取阅与参考。知识卡片可以拓宽学生的视野，学生可以对于卡片上的知识和金点子进行学习、类比、迁移。

在仿生知识卡片的学习中，教师还组织学生对于卡片上"蛋壳的承重本领强""流线型结构可以减小水的阻力""作用力与反作用力"等科学知识设计了实验验证。让学生切身体会生物"超能力"的神奇，认识科学知识的可验证性。

学生的设计不是天马行空，怎样的仿生设计书才是一份好的设计书呢？参考设计书下方的"自查清单"，设计书的评价标准便是支架，它有效地指引着学生的设计方向。

在工程的第二步"设计、优化并确定方案"的过程中，学生们在不断地根据评价标准进行自查，指导整个设计思路。如何优化方案？如果仅仅只是靠教师对每位学生提出修改方案，那么虽然学生获得了答案，但却并不能从这一过程中学会获得答案的方法，拥有独立探究与思考的能力。于是，与传统课堂不同的是，教师勇敢地放开手，给予学生充分的时间与空间，让他们大胆地去展示自己的想法，互相学习，取长补短。

教师利用画廊参观法，让学生们分批去参观、分享、学习、评价彼此的创意设计。参观学习活动共分为3轮进行，第1轮为单号介绍，双号参观；第2轮为双号介绍，单号参观；第3轮为"Free Talk"时间，学生们可以自由参观，去自己感兴趣的设计书旁边，与它的设计师进行交流。而这样的交流并不是随意胡乱地交流，如果没有规则和要求指引，这个有趣的活动将会变得混乱和效率低下。为了让学生们的建议更加有效，设计书的评价标准又一次发挥了重大作用，教师引导学生们必须根据制定的设计书评价标准去交流、点评别人的设计书，学习别人好的地方，并给予他人宝贵的建议。每位学生会被发到10张绿色N次贴和10张红色N次贴，当学生在参观某份自己感兴趣的设计书时，他们需要在绿色N次贴上记录他认为此份设计书拥有的优点，在红色N次贴上记录他的意见与建议，并贴到他参观的这份设计书上。

画廊参观活动结束了,学生们带着满满的收获回到座位,哪些设计书得到了大家的一致好评呢?为什么你们认为他们的设计非常棒呢?亮点太多说不清?别急,仿生设计书评价标准第三次来帮忙,请学生结合三条评价标准来进行点评,说说他们的设计书都好在哪里?哪里还有不足?

S同学评价了D同学的设计方案(图8-14):"第一,有时候出门在外,忽然下雨,家里的衣服还没有收进来,都被淋湿了,这确实是身边存在的不便。第二,希望模仿昆虫膜翅的折叠方式,设计一个自动雨棚,可以迅速方便地自动开合,这个仿生创意确实也模仿了生物的结构与功能。第三,这个雨棚目前市面上还没有同类产品,而且使用和收纳方便,它富有创新性和实用性。所以我把小星星送给了他。但是我认为昆虫的膜翅非常薄,做成雨棚会不会不够结实?所以我建议D同学可以再思考一下,雨棚用什么材料制作比较合适。"

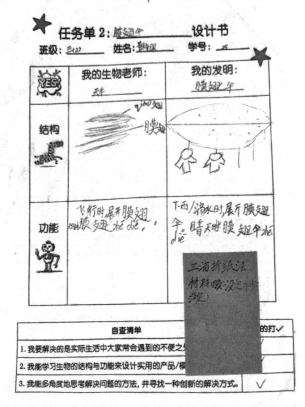

图8-14 仿生产品设计书4

又例如:E同学点评了T同学的创意(图8-15):"(1)平时家人回家换下的衣服太多,乱堆乱放有点凌乱,其实这个难题已经有解决方法了,所以它不是生活中存在的难题。(2)她希望模仿树杈的结构来设计一款衣帽架,收纳外出衣。可是树杈结构对应的功能不是挂东西,因此这个设计创意并没有满足评价标准的第二条:同时模仿生物的结构与功能。(3)市面上已经有衣帽架这种产品了,所以这个设计不具有创新性。建议可以观察其他生物的结构与功能,对现有的衣帽架进行改进。"

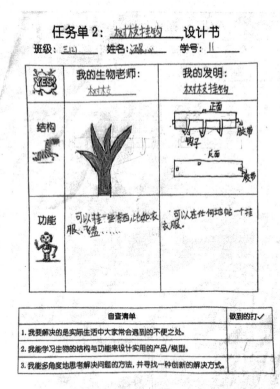

图8-15 仿生产品设计书5

Z同学点评了S同学的创意设计(图8-16):"她希望解决夏天家中蚊虫太多的问题,它满足评价标准一,是身边存在的不便。她希望模仿捕蝇草关闭夹子,捕捉虫子的本领,符合评价标准二,模仿了生物的结构与功能。她的捕虫机器市面上没有相关产品,所以符合评价标准三,实用有创意。但这个机器的捕虫结构如何制造,如何触发关闭捕虫夹的功能,都是需要思考的问题。"

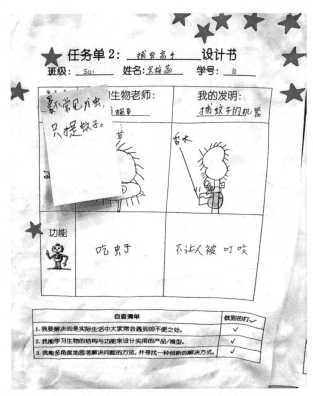

图8-16 仿生产品设计书6

通过评价导向和画廊参观法这样的活动设计,学生们不仅对"结构与功能"这个大概念有了更深刻的理解,他们也从不同角度分析、思考问题,提出新颖而有价值的观点和解决问题的方法,他们的创新思维得到了提高。同时,学生也初步了解了技术与工程实践的一般过程和方法,针对实际需要定义和界定问题,提出有创意的方案,并根据科学原理或限制条件进行筛选。学生们满足地带着来自班级更多同学智慧的许许多多的"好主意",进入了方案的修改、优化与确定阶段,设计书2.0版在学生们愉快、自豪的心情下诞生!

T同学修改了自己的设计方向(设计书2.0见图8-17),重新寻找身边的难题,她发现夏天外出时如果忘记涂花露水,很容易遭到蚊子的叮咬,而大自然中有一位神奇的教师,它的本领值得学习,那就是斑马,斑马的无规则条纹会混淆小虫的视线,使它们难以找到着陆点,T同学受到斑马的启发,发明了"斑马服",希望能够帮助减少蚊虫的叮咬。

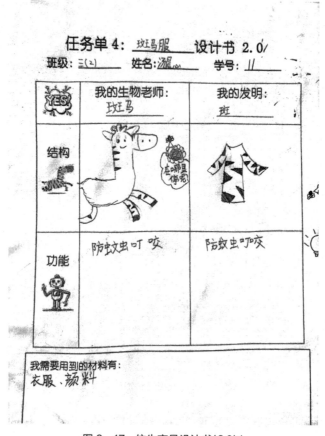

图8-17 仿生产品设计书(2.0)1

评价标准贯穿设计活动的始末,帮助学生带着目标去探究、学习、获得解决问题的方法。画廊参观帮助学生学会分享,学会倾听,一个人的智慧是有限的,但是许多人的智慧却是更强大的。

(三) 学习型评价任务3:根据方案形成并改进仿生产品或模型

工程的第四、五步是"物化、测试并改进"。根据该任务,教师设计了"评价单

3:仿生产品(模型)评价单"。

表 8-5 评价单 3:仿生产品(模型)评价单

评价单 3:仿生产品(模型)评价单	
评价标准	达成情况
1. 利用工具、材料,安全、规范地完成产品/模型的制作	☆☆☆☆☆
2. 测试产品/模型,它具有实用性	☆☆☆☆☆
3. 测试产品/模型,它可以实现设计的功能	☆☆☆☆☆
4. 认真反思并改进设计方案、仿生产品/模型	☆☆☆☆☆
(备注:若达成评价要求,请在"达成情况"栏里点亮星星)	

在评价任务 3 中,学生主要存在的困难是:(1)制造出来的产品不实用。(2)制造出来的产品不能实现其功能,解决生活中的不便。

学生们兴高采烈地带着他们的工具、材料忙活起来,有些在拼搭积木,有些在切割瓶子,有些在粘贴泡沫塑料,有些在裁剪纸张……

大家都做得不亦乐乎,产品完成啦,可是这样的产品就能直接使用了吗?当然不行,学生还要根据产品评价标准,进行功能测试。

S 同学模仿捕蝇草会捕虫的叶片,制造了一个捕虫装置,可是她发现,她的捕蝇草遇到小虫时不能自动开合(见图 8-18),完全达不到捕蚊的目的。

D 同学模仿昆虫膜翅的折叠结构,制造了一款能快速方便开合的晾衣雨棚,可是他发现,他的雨棚怎么刚撑开了一下就裂开了(见图 8-19)!太不实用了。

Z 同学模仿袋鼠尾巴的支撑结构,制造了一款可随身携带使用的隐形座椅,可是不好,她发现她的隐形椅子怎么携带起来那么笨重(见图 8-20)!也不实用。

F 同学模仿蜻蜓翅膀飞行时的悬停功能和蝴蝶的虹吸式口器结构,制造了一款飞行吸尘器,希望它可以飞到高处,方便地吸取家具缝隙里的垃圾,可是制作完成后,她发现打开开关,她的吸尘器却怎么也吸不起垃圾(见图 8-21),无法解决生活中的不便。

图 8-18 仿生产品 1

图 8-19 仿生产品 2

图 8-20 仿生产品 3

图 8-21 仿生产品 4

不怕,困难没有吓跑这群小小设计师们,他们已经不是曾经那个刚进入项目化学习的蹒跚学步的小婴儿了。在这个科学工程项目的学习中,比起知识,他们学会了更重要的东西,那就是解决问题的方法。他们重新查阅"仿生知识卡片",寻求新的灵感;他们重新思考、测试产品的新结构、新材料、新功能;他们重新讨论、互相帮助,给出建议;他们重新拿起笔,依据评价标准进行反思,改进设计书2.0……他们仿佛是熟练的老手,设计书3.0版应运而生。

学生们选择新的材料,变换设计思路,办法总比难题多。

S同学修改了自己的设计书2.0(见图8-22),经过反复思考。她认为制作自动感应捕虫夹这种方式太过复杂,因此,在同学的建议下,她变换思路,找到了另一种可靠的生物老师:猪笼草。猪笼草利用叶片上的笼盖散发出香味吸引小虫子,当小虫子触碰到光滑的笼盖边缘时,便滑进了笼子,被笼内的消化液腐蚀。于是,小宋改变了想法,她想模仿猪笼草的结构与功能,设计一个上大下小,会散发蜂蜜气味,边缘光滑的捕虫瓶,当小虫子被香味吸引过来,滑入瓶口,便会掉进瓶子,被瓶底的液体淹死(见图8-23)。经过测试,果然捕到了小飞虫。

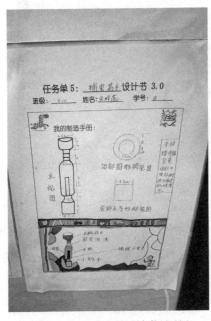

图8-22 仿生产品设计书(3.0)1

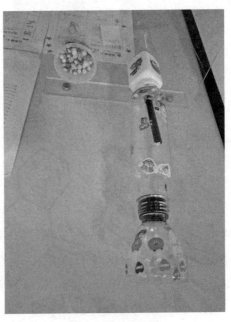

图8-23 仿生产品5

D 同学和 S 同学互相合作,也修改了他们那"弱不禁风"的雨棚(见图 8-24、8-25),他们给雨棚杆子制作了一个可以支撑、固定的支架锁扣,使雨棚的开合更加方便、快捷(见图 8-26)。同时,他们测试了各种雨棚材料,纸制的雨棚虽然折叠起来非常方便,但是它不防水,而且容易坏,不可行。他们又尝试了利用塑料文件夹来制作雨棚,可是发现文件夹的材料过厚,硬得根本叠不动,于是也放弃使用。他们又找来了塑料袋制作,可是塑料袋太软,叠成雨棚后根本不能成形……经过反复尝试,他们最终发现了一种可行的材料,它类似于平时数学课使用的透明方格纸,是一种很薄的塑料纸,进行实验后,它不仅防水效果特别好,而且还可以透光。

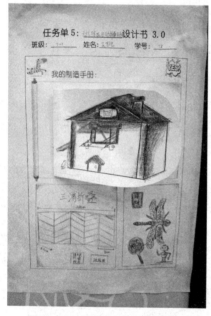 

图 8-24 仿生产品设计书(3.0)2　　图 8-25 仿生产品设计书(3.0)3

F 同学在教师的指导下,上网搜索资料,学习了一种类似苍蝇"吮吸"功能的科学小作品:"塑料瓶吸尘器",可是制作完成后,她们发现,小"吸尘器"的吸力很小,甚至吸不起桌面上的纸屑,于是她和小伙伴一起开动脑筋,思考导致这种结果的原因,她们猜测,有可能是因为小风扇离瓶口的距离太远导致的,可是,塑料瓶太短的话,"吸尘器"收集垃圾的容量就变小了,她们需要在这两个重要功能之间寻找一个平衡点。于是,她们调整塑料瓶的长短,不断测试,最后,结合苍蝇舔吸式

图 8-26 仿生产品 6

口器结构和蜻蜓悬停功能的无人机终于诞生了。通过努力,她们实现了"飞行式吸尘器"飞到高处并清理垃圾的功能(见图 8-27)。

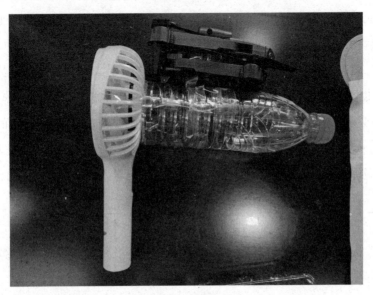

图 8-27 仿生产品 7

像这样的例子还有很多很多，在这个科学学科项目化学习的过程中，不仅学生们的产品在迭代创新，学生们自身也在一次次的试错中成长。

"造物才不是什么一次性就能搞定的容易事。"S同学骄傲地说。

通过本次项目化的探究活动，学生们有了许多收获。他们知道了世界上有如此多神奇的生物，演化出了不同的身体结构，实现了不同的"超能力"功能。他们了解了在我们身边，人类向大自然学习，发明了许多仿生产品，已经解决了许多难题。他们体验了工程技术的一般方法与过程：(1)定义和界定问题。(2)寻求解决方案。(3)优化并确定方案。(4)初步物化。(5)测试改进。他们了解了科学家和工程师的执着、不易。他们学会了利用示意图等多种方式，说明自己的设计思路，根据需求和限制条件，比较、筛选多种可能的解决方案。他们学会了利用常用工具，制作简单的实物或模型，改进实物模型的不足并展示。他们拥有了知难而上、勇敢挑战的科学精神。他们获得了批判性思维，能有依据地质疑别人的观点，尝试运用不同思路和方法完成探究和实践；愿意分享自己的想法，倾听他人的观点，改进和完善探究活动。而获得收获的并不仅仅只是他们。在整个过程中，教师也学会了适时放手，相信学生们的能力，只要有评价体系的一路指引，学生们会给出更大的惊喜！

通观整个项目化活动的设计，教师不再是课堂的主体，自始至终，只在学生的身边默默地引导与扶持，教师把课堂交还给了学生，他们成为了课堂真正的主人，从整个工程设计的一开始，学生就自主学习，自由探究，在互相帮助和试错的过程中成长、进步。相比传统课堂，教师着重于知识的传授与讲述，有时会忽略获得知识的方法，项目化学习的设计却更注重对于学生所掌握的科学方法、科学态度的培养。教师需要教会学生像科学家一样去思考，因为比答案更重要的，是获得答案的方法，是严谨、耐心、求真、务实的科学态度！授人以鱼，不如授人以渔。这些无比珍贵的东西，学生们将受用一生。这就是科学学科项目化学习育人价值的集中体现。

―――――― 参考文献 ――――――

[1] 义务教育科学课程标准(2022年版)[M]. 中华人民共和国教育部制度，北京：北京师范大学出版社，2022.